아이가 글을 다 읽었다고 말하면 어른들은 무슨 내용이었냐고 묻습니다. 물론 아이가 책에 있는 내용을 토씨 하나 틀리지 않게 말하기를 바라고 묻는 건 아닙니다. 그저 인상 깊었던 장면이나 중요하다고 생각하는 내용을 스스로 말할 수 있기를 바랍니다. 하지만 아이는 읽은 글에 대해서 잘 이야기하지 못합니다. 많은 부모님들의 고민이 여기에 있습니다. 어떻게 하면 '글자' 말고 '글'을 읽게 할 수 있을까, 어떻게 하면 글을 제대로 읽고 이해할 수 있을까.

이를 위한 해결책으로 '요약독해'를 제안합니다. '요약'은 자신이 읽은 글을 이해하고 해석하고 새롭게 말이나 글로 표현하는 활동입니다. 요약 기술 안에는 내가 읽은 글의 정보를 구조적으로 파악하고 정리하여 나의 말과 글로 재구성함으로써 핵심을 뽑아 내는 활동이 들어 있습니다. 독해를 할 때는 이런 요약 활동을 하며 읽어야 합니다. 그래야 내가 읽은 글이 무슨 내용을 담고 있는지 핵심을 파악할 수 있습니다. 요약독해를 할 줄 알아야 새로운 글을 만나도 스스로 돌파해 나갈 수 있습니다.

요약독해 능력을 기르면 공부도 잘할 수 있습니다. 공부는 주어진 자료나 정보에서 중요한 부분을 찾는 일에서 시작합니다. 시험에서도 그 중요한 부분에 대해 묻는 문제가 출제되지요. 결국 제대로 공부한다는 것은 스스로 핵심을 찾고 정리하여 기억하는 것을 의미하고, 스스로 핵심을 찾고 정리하는 것은 요약독해 과정과 같습니다. 그래서 요약독해는 성적과 직결될 수밖에 없습니다. 또한 학년이 올라갈수록 다양한 비문학 지문을 접하기 시작합니다. 학생들은 비문학 지문에 대한 막연한 두려움을 가지고 있는데요. 대학수학능력시험의 소위 '킬러 문항' 또한 비문학 지문이지요. 이 비문학 지문을 읽고 해석한 것 또한 요약에서 출발합니다. 텍스트에서 가장 중요한 내용을 찾는 것부터 시작하는 요약 훈련을 통해 낯선 비문학 지문도 쉽게 읽고 이해할 수 있습니다. 요약독해는 결국 모든 학습을 위한 기초입니다.

〈요약독해의 힘〉에서는 먼저 4단계 요약 기술을 훈련합니다. 짧은 글을 대상으로 훈련하여 요약 기술을 내재화한 후, 실전 지문에 적용합니다. 이 과정을 통해 요약독해의 힘이 쌓이면 어느새 세상의 모든 글이 만만해질 것입니다.

기적학습연구소 국어팀 일동

학습 설계와 활용법

기본 요약 기술 훈련 | 4단계 요약 기술을 익히고 훈련합니다.

1단계 핵심어 찾기

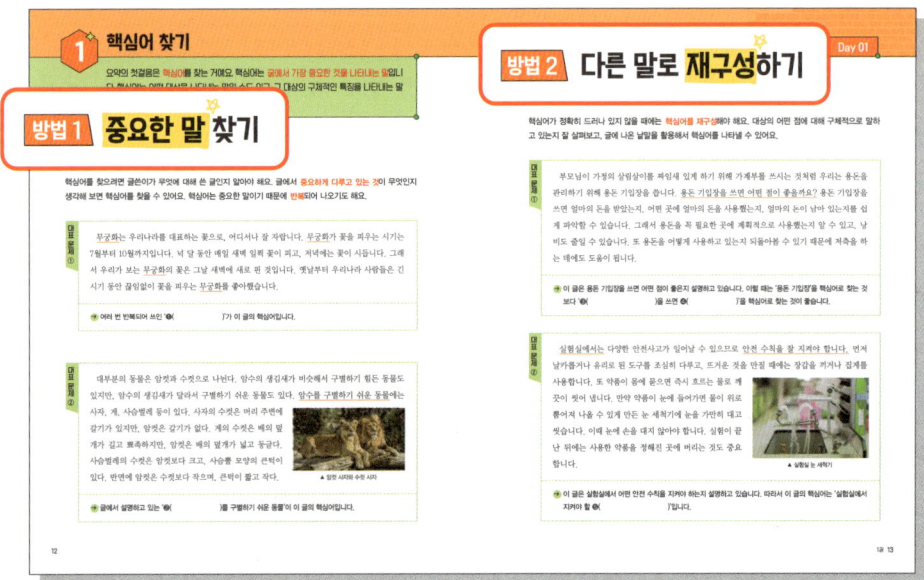

핵심어를 찾는 두 가지 방법을 배우고 대표 문제와 연습 문제를 풀면서 핵심어 찾기 기술을 익힙니다.

2단계 중심 문장 찾기

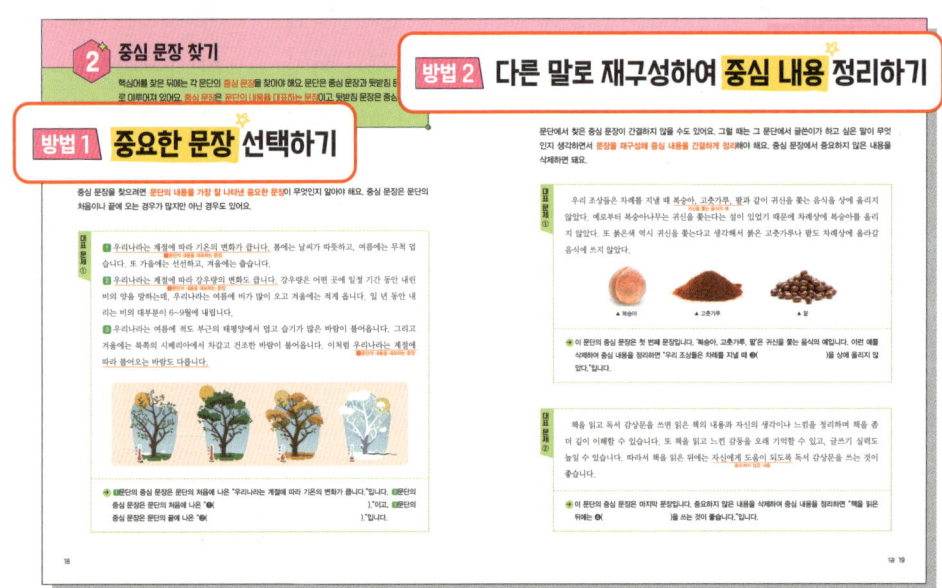

문단의 중심 문장을 찾는 방법을 배우고 대표 문제와 연습 문제를 풀면서 중심 문장을 찾는 기술을 익힙니다.

* 각 권은 기본 파트와 실전 파트로 구성되어 있고 30일 만에 완성할 수 있습니다. 기본 파트는 4단계, 실전 파트는 25개의 지문으로 구성되어 있습니다. 각자의 속도에 맞춰 학습을 진행하세요.

3단계 글의 짜임에 맞게 정리하기 ①, ②

글의 짜임 네 가지를 배우고, 대표 문제와 연습 문제를 풀면서 각 짜임에 알맞은 틀에 글의 내용을 정리하는 연습을 합니다. 이를 통해 글의 핵심 내용을 파악하는 능력을 기를 수 있습니다.

방법 1. 나열 짜임

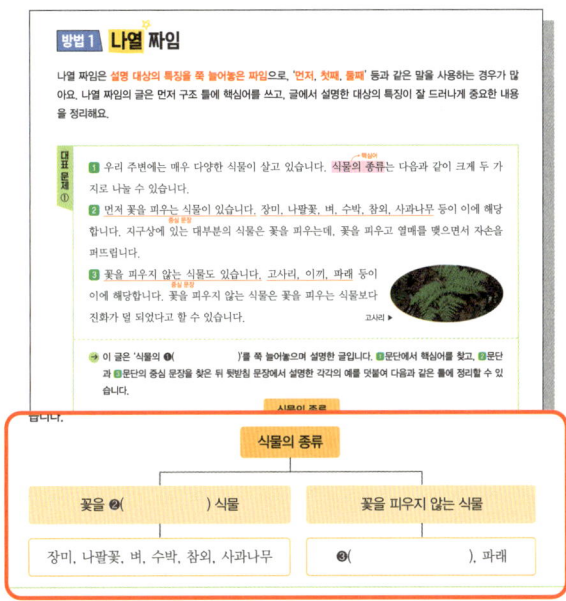

방법 2. 순서 짜임

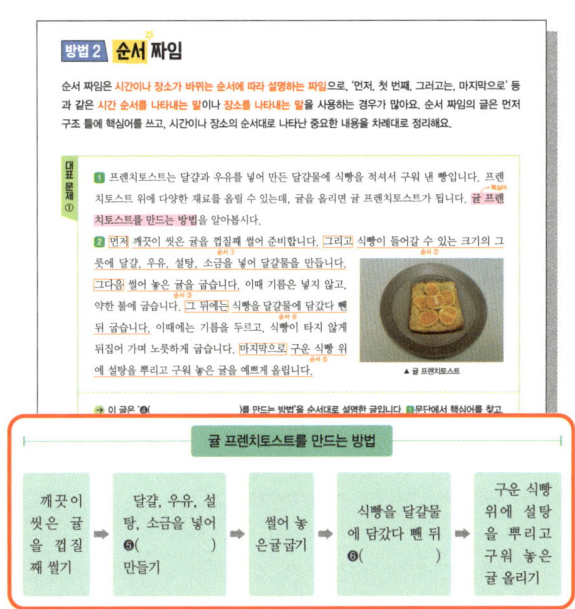

방법 3. 비교와 대조 짜임

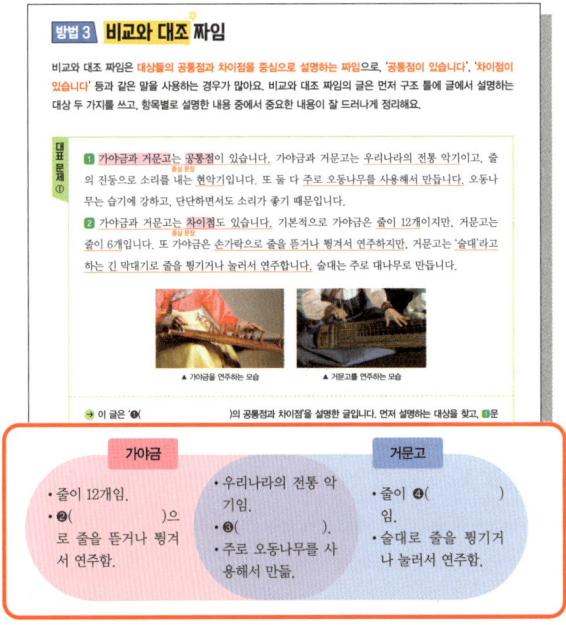

방법 4. 문제와 해결 짜임

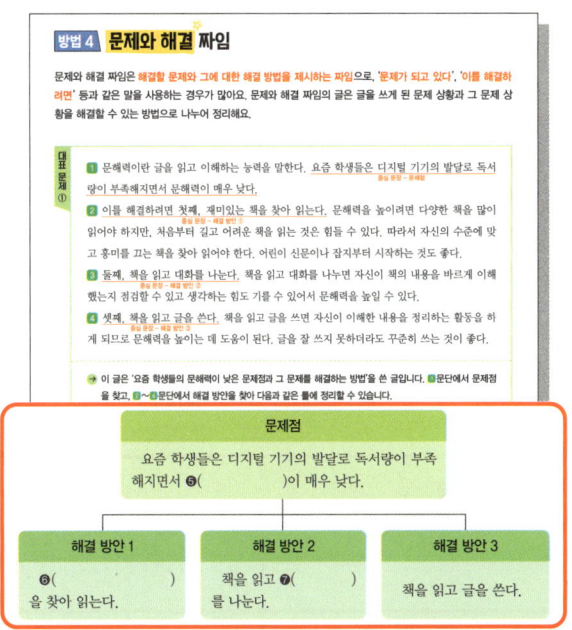

4단계 요약하기

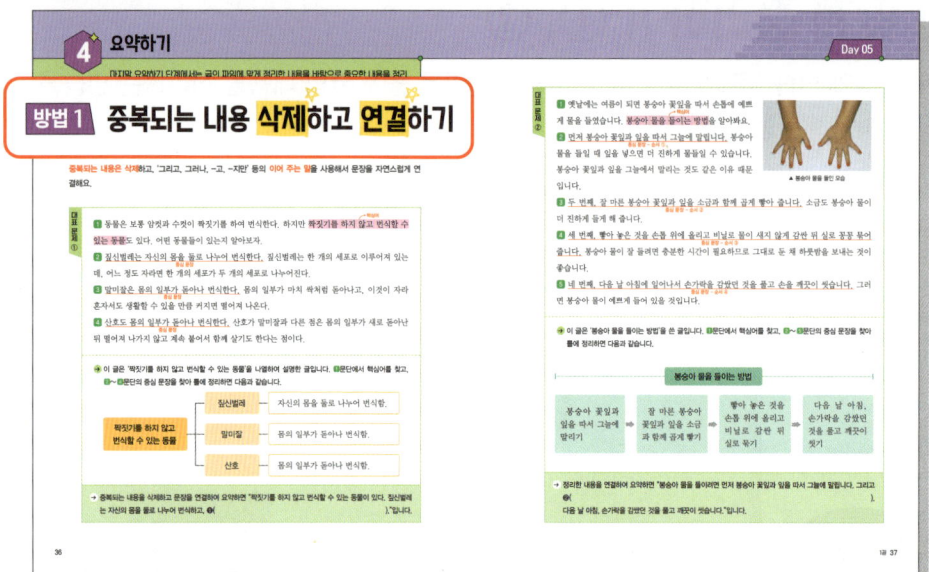

중복되는 말을 삭제하고 이어 주는 말을 사용하여 요약하는 방법을 배우고, 대표 문제를 풀어 봅니다.

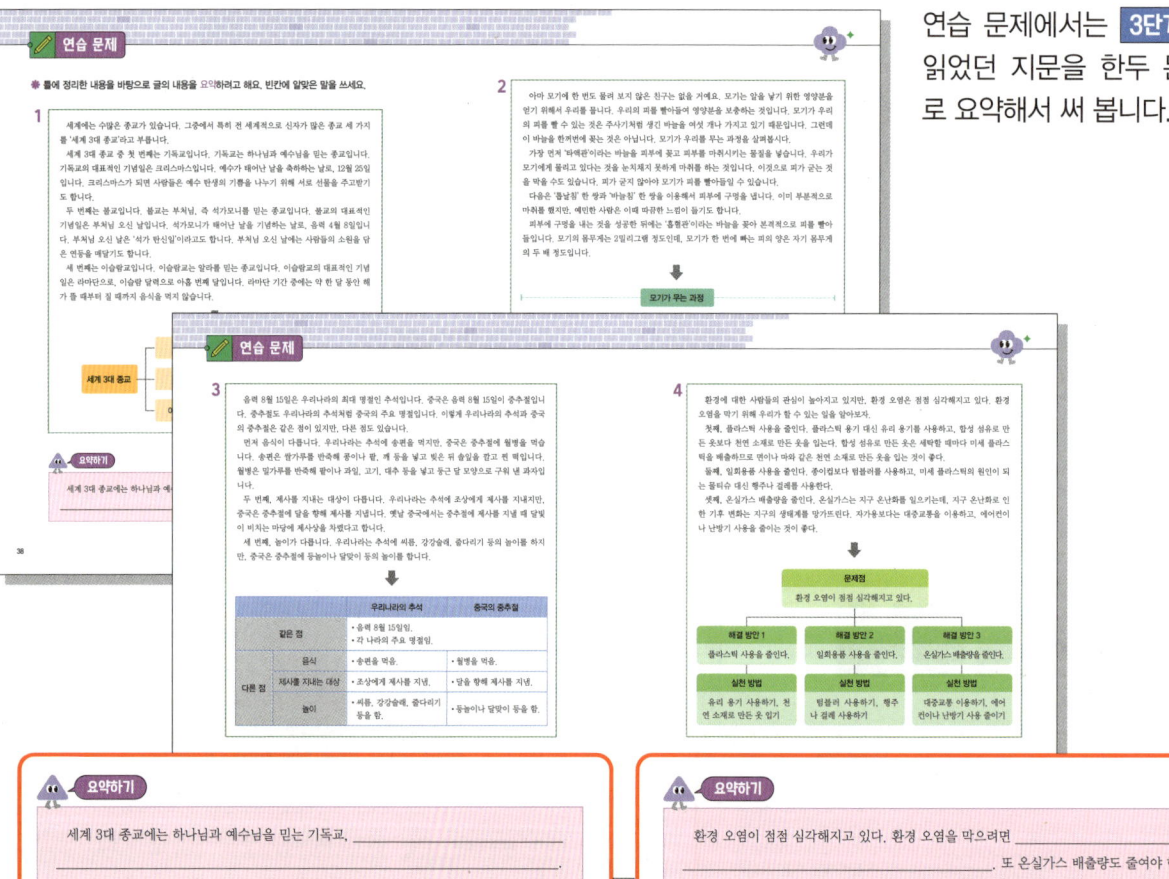

연습 문제에서는 **3단계**에서 읽었던 지문을 한두 문장으로 요약해서 써 봅니다.

실전 요약 기술 적용

앞에서 배운 요약 4단계 기술을 긴 글에 적용해 보며 실전 독해에 대비합니다.

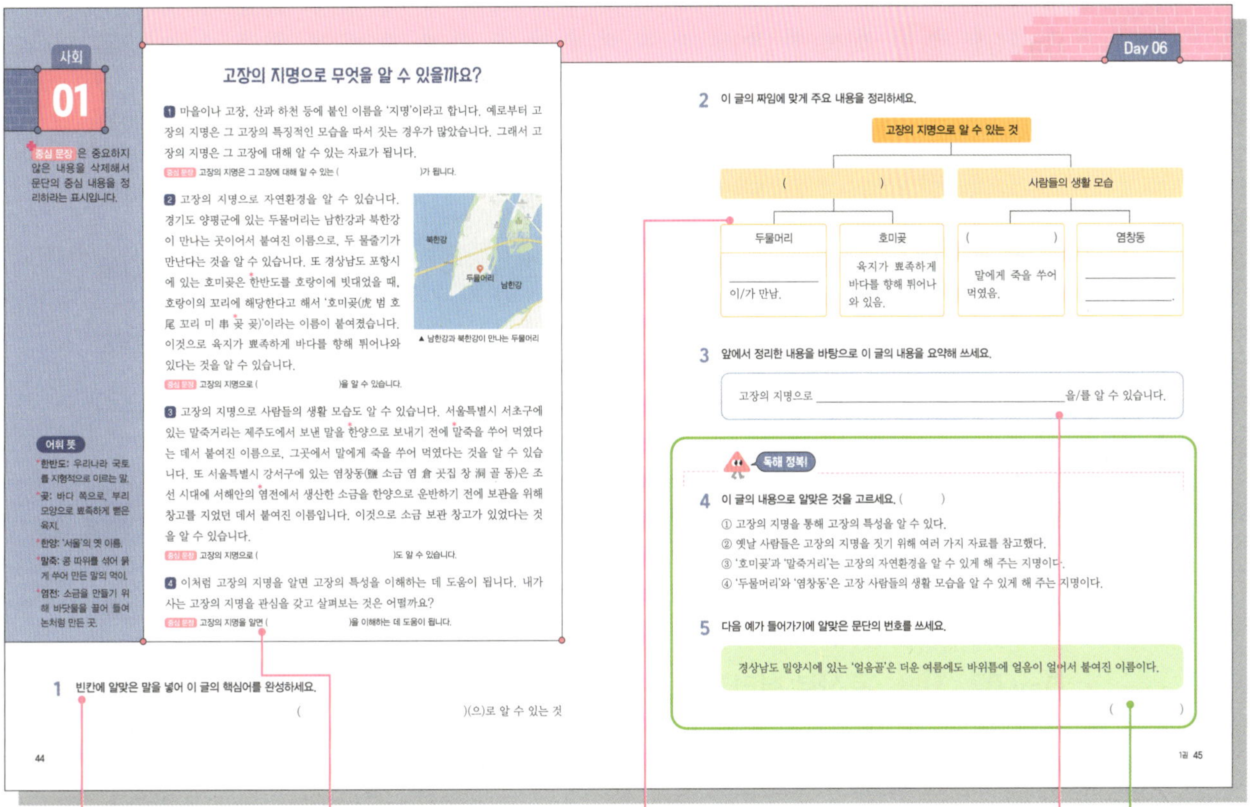

1단계 핵심어 찾기

2단계 중심 문장 찾기

중심 문장 은 문단 안에서 중심 문장을 그대로 찾아 쓰면 됩니다.

중심 문장 은 중심 문장을 스스로 재구성하여 정리합니다.

중심 문장을 찾는 두 가지 경우를 구분하여 연습할 수 있게 하였습니다.

3단계 글의 짜임에 맞게 정리하기

4단계 요약하기

독해 정복!

4단계에 거쳐 요약을 마친 후 실전 독해 문제를 풀어 봅니다. 글의 내용을 요약하며 읽으면 독해 문제를 쉽게 풀 수 있습니다.

이 책의 차례

기본 | 요약 기술 훈련

Day 01	1	핵심어 찾기	12쪽
Day 02	2	중심 문장 찾기	18쪽
Day 03	3	글의 짜임에 맞게 정리하기 ①	24쪽
Day 04		글의 짜임에 맞게 정리하기 ②	30쪽
Day 05	4	요약하기	36쪽

실전 | 요약 기술 적용

Day 06	01	고장의 지명으로 무엇을 알 수 있을까요?	사회	44쪽
Day 07	02	등산로 살리기		46쪽
Day 08	03	지구와 달	과학	48쪽
Day 09	04	곱셈의 기본, 곱셈구구	수학	50쪽
Day 10	05	숲속 동물들에게 도토리를 양보하자		52쪽
Day 11	06	전화기의 변화	사회	54쪽
Day 12	07	동물에게서 배운 과학 기술	과학	56쪽
Day 13	08	태권도와 가라테		58쪽
Day 14	09	소아 비만을 예방하자		60쪽
Day 15	10	수채화의 모든 것	미술	62쪽

Day 16	11	닮은 듯 다른 물개와 물범		64쪽
Day 17	12	국어사전에서 낱말의 뜻을 찾아요	국어	66쪽
Day 18	13	음악은 무엇으로 이루어져 있을까?	음악	68쪽
Day 19	14	우주 쓰레기, 어떻게 해야 할까?		70쪽
Day 20	15	전 세계가 함께 보호해야 할 인류의 재산	사회	72쪽

Day 21	16	유서 깊은 장소에서 행사를 열어도 될까?		74쪽
Day 22	17	태극기를 바르게 달아요	도덕	76쪽
Day 23	18	농민의 생계를 위협하는 쌀 소비량 감소		78쪽
Day 24	19	옛날과 오늘날의 세시 풍속	사회	80쪽
Day 25	20	잠자리의 한살이	과학	82쪽

Day 26	21	스피드 스케이팅과 쇼트 트랙	체육	84쪽
Day 27	22	책은 어떻게 만들어질까요?		86쪽
Day 28	23	모두를 위한 저축		88쪽
Day 29	24	염화칼슘의 변신	과학	90쪽
Day 30	25	다문화 가족을 포용하자	사회	92쪽

정답 및 해설   95쪽

요약 전, 알고 있어야 할 것들

✅ '글'은 무엇으로 이루어져 있나요?

문장이 모여 문단을 이루고 문단이 모여 글을 이루어요. 문단은 문장이 여러 개 모여 한 가지 생각을 나타내는 것이에요. 문단은 줄이 바뀌는 부분을 찾으면 쉽게 구분할 수 있어요. 다음 글을 살펴봐요.

글

❶ 씨름은 우리나라에서 오래전부터 해 온 민속놀이이자 운동 경기입니다. 씨름은 두 사람이 상대방의 샅바를 잡고 힘과 기술을 겨루어 상대를 넘어뜨리는 것으로 승부를 겨룹니다. 두 명 중 먼저 넘어지거나 손이나 무릎이 먼저 땅에 닿은 사람이 지게 됩니다.

❷ 씨름은 예절을 중요하게 여기는 운동 경기로 상대방을 향한 인사로 경기를 시작합니다. 그리고 마주 앉아 왼손으로 다리샅바를 잡고, 오른손으로 허리샅바를 잡은 후 일어서서 준비 자세를 취합니다. 심판의 호각 소리와 함께 경기가 시작되면 선수는 손 기술, 다리 기술, 허리 기술, 혼합 기술 등의 다양한 기술을 사용하여 상대를 넘어뜨립니다. 경기 후 서로 인사하며 마무리합니다.

❸ 우리 조상들은 씨름을 주로 단오와 추석에 즐겨 하였습니다. 씨름판에서 맨 마지막으로 이기는 사람에게 황소 한 마리를 상으로 주기도 했습니다.

> 이 글은 **3개의 문단**으로 이루어져 있어.
> ❶ 문단은 3개의 문장으로 이루어져 있고,
> ❷ 문단은 4개의 문장으로 이루어져 있어.
> ❸ 문단은 2개의 문장으로 이루어져 있어.

'글'은 어떤 구조로 이루어져 있나요?

글의 구조는 글의 종류에 따라 달라요. 설명하는 글은 '처음-가운데-끝'으로 이루어져 있고, 주장하는 글은 '서론-본론-결론'으로 이루어져 있어요. 글의 구조를 파악하고 글을 읽으면 요약독해가 더 쉽답니다. 글의 각 부분에는 다음과 같은 내용이 들어가요.

설명하는 글

1. 뼈는 사람의 골격을 이루는 가장 단단한 조직 중의 하나로, 사람의 몸을 만드는 데 중심이 됩니다. 뼈는 다음과 같은 중요한 일을 합니다. — **처음** 설명 대상을 밝힘.

2. 첫째, 뼈는 체형의 틀을 이루고 뼈 주위에 있는 기관이나 조직들이 뼈에 의지하도록 버티는 역할을 합니다.

3. 둘째, 뼈는 몸속의 기관들을 보호합니다. 둥근 모양의 머리뼈는 뇌를 보호해 주고, 갈비뼈는 심장과 간, 폐 등을 보호해 줍니다. — **가운데** 문단을 나누어 주제에 맞게 설명함.

4. 셋째, 뼈는 몸을 움직일 수 있게 해 줍니다. 좌우로 움직일 수 있는 목뼈, 빙글빙글 돌릴 수 있는 팔뼈, 구부릴 수 있는 등뼈 등이 우리 몸을 움직일 수 있게 합니다.

5. 이처럼 뼈는 우리 몸속에서 다양한 일을 하고 있습니다. — **끝** 설명한 내용을 요약하고 마무리함.

주장하는 글

1. 전 세계에서 시행되고 있는 동물 실험으로 매년 약 6억 마리의 동물들이 희생됩니다. 인간을 위한 목적으로 동물 실험을 하지만, 동물 실험은 중단되어야 합니다. 동물 실험을 중단해야 하는 까닭은 다음과 같습니다. — **서론** 문제 상황과 주장을 밝힘.

2. 첫째, 동물 실험은 동물을 학대하는 것입니다. 인간의 생명만 소중한 것이 아니라 동물의 생명도 소중합니다.

3. 둘째, 인간과 동물은 다르기 때문에 동물 실험의 결과를 인간에게 그대로 적용할 수 없는 경우가 많습니다. — **본론** 주장에 대한 근거를 제시함.

4. 모든 생명은 소중합니다. 더 이상 동물 실험으로 불쌍한 동물들이 희생되지 않도록 해야 합니다. — **결론** 주장을 요약하고 강조함.

기본
요약 기술 훈련

'요약독해' 출발점에 선 친구들을 환영합니다. 기본 파트에서는 요약 기술 훈련을 합니다. 요약을 할 때는 가장 먼저 핵심어를 찾고, 중심 문장을 찾습니다. 그다음은 글의 구조를 파악하고 짜임에 맞게 틀 안에 정리를 합니다. 글을 시각적으로 구조화시키며 읽으면 핵심을 파악하는 능력이 길러집니다. 마지막 단계에서는 앞에서 정리한 내용을 바탕으로 스스로 요약을 합니다. 4단계의 요약 기술 훈련을 무사히 마친다면, 독해 자신감이 장착될 거예요. 이제 함께 출발해 봅시다.

학습 계획표

학습 내용	날짜	확인
1 핵심어 찾기	Day 01 /	
2 중심 문장 찾기	Day 02 /	
3 글의 짜임에 맞게 정리하기 ①, ②	Day 03 /	
	Day 04 /	
4 요약하기	Day 05 /	

핵심어 찾기

요약의 첫걸음은 **핵심어**를 찾는 거예요. 핵심어는 **글에서 가장 중요한 것을 나타내는 말**입니다. 핵심어는 어떤 대상을 나타내는 말일 수도 있고, 그 대상의 구체적인 특징을 나타내는 말일 수도 있어요.

방법 1 중요한 말 찾기

핵심어를 찾으려면 글쓴이가 무엇에 대해 쓴 글인지 알아야 해요. 글에서 **중요하게 다루고 있는 것**이 무엇인지 생각해 보면 핵심어를 찾을 수 있어요. 핵심어는 중요한 말이기 때문에 **반복**되어 나오기도 해요.

대표 문제 ①

무궁화는 우리나라를 대표하는 꽃으로, 어디서나 잘 자랍니다. 무궁화가 꽃을 피우는 시기는 7월부터 10월까지입니다. 넉 달 동안 매일 새벽 일찍 꽃이 피고, 저녁에는 꽃이 시듭니다. 그래서 우리가 보는 무궁화의 꽃은 그날 새벽에 새로 핀 것입니다. 옛날부터 우리나라 사람들은 긴 시기 동안 끊임없이 꽃을 피우는 무궁화를 좋아했습니다.

→ 여러 번 반복되어 쓰인 '❶(　　　　)'가 이 글의 핵심어입니다.

대표 문제 ②

대부분의 동물은 암컷과 수컷으로 나뉜다. 암수의 생김새가 비슷해서 구별하기 힘든 동물도 있지만, 암수의 생김새가 달라서 구별하기 쉬운 동물도 있다. 암수를 구별하기 쉬운 동물에는 사자, 게, 사슴벌레 등이 있다. 사자의 수컷은 머리 주변에 갈기가 있지만, 암컷은 갈기가 없다. 게의 수컷은 배의 덮개가 길고 뾰족하지만, 암컷은 배의 덮개가 넓고 둥글다. 사슴벌레의 수컷은 암컷보다 크고, 사슴뿔 모양의 큰턱이 있다. 반면에 암컷은 수컷보다 작으며, 큰턱이 짧고 작다.

▲ 암컷 사자와 수컷 사자

→ 글에서 설명하고 있는 '❷(　　　　)를 구별하기 쉬운 동물'이 이 글의 핵심어입니다.

방법 2 | 다른 말로 재구성하기

핵심어가 정확히 드러나 있지 않을 때에는 **핵심어를 재구성**해야 해요. 대상의 어떤 점에 대해 구체적으로 말하고 있는지 잘 살펴보고, 글에 나온 낱말을 활용해서 핵심어를 나타낼 수 있어요.

대표 문제 ①

부모님이 가정의 살림살이를 짜임새 있게 하기 위해 가계부를 쓰시는 것처럼 우리는 용돈을 관리하기 위해 용돈 기입장을 씁니다. 용돈 기입장을 쓰면 어떤 점이 좋을까요? 용돈 기입장을 쓰면 얼마의 돈을 받았는지, 어떤 곳에 얼마의 돈을 사용했는지, 얼마의 돈이 남아 있는지를 쉽게 파악할 수 있습니다. 그래서 용돈을 꼭 필요한 곳에 계획적으로 사용했는지 알 수 있고, 낭비도 줄일 수 있습니다. 또 용돈을 어떻게 사용하고 있는지 되돌아볼 수 있기 때문에 저축을 하는 데에도 도움이 됩니다.

→ 이 글은 용돈 기입장을 쓰면 어떤 점이 좋은지 설명하고 있습니다. 이럴 때는 '용돈 기입장'을 핵심어로 찾는 것보다 '❸( )을 쓰면 ❹( )'을 핵심어로 찾는 것이 좋습니다.

대표 문제 ②

실험실에서는 다양한 안전사고가 일어날 수 있으므로 안전 수칙을 잘 지켜야 합니다. 먼저 날카롭거나 유리로 된 도구를 조심히 다루고, 뜨거운 것을 만질 때에는 장갑을 끼거나 집게를 사용합니다. 또 약품이 몸에 묻으면 즉시 흐르는 물로 깨끗이 씻어 냅니다. 만약 약품이 눈에 들어가면 물이 위로 뿜어져 나올 수 있게 만든 눈 세척기에 눈을 가만히 대고 씻습니다. 이때 눈에 손을 대지 않아야 합니다. 실험이 끝난 뒤에는 사용한 약품을 정해진 곳에 버리는 것도 중요합니다.

▲ 실험실 눈 세척기

→ 이 글은 실험실에서 어떤 안전 수칙을 지켜야 하는지 설명하고 있습니다. 따라서 이 글의 핵심어는 '실험실에서 지켜야 할 ❺( )'입니다.

연습 문제

1 다음 글의 핵심어를 찾아 ○표 하세요.

1

약과는 우리 조상들이 먹던 한과의 한 종류입니다. 밀가루에 참기름과 꿀을 넣어 반죽한 다음 기름에 튀긴 뒤 꿀을 발라서 만듭니다. 옛날에는 약과를 만드는 재료가 귀했기 때문에 백성들이 약과를 만드는 것을 나라에서 금지한 적도 있습니다.

① 꿀　　　　　　　② 한과　　　　　　　③ 약과

2

사투리는 어느 한 지역에서만 쓰는 말로, '방언'이라고도 한다. 예를 들어 '할아버지'의 경상도 사투리는 '할배'이다. 사투리를 사용하면 다른 지역 사람과는 의사소통이 힘들 수 있지만, 같은 지역 사람들끼리는 친근함과 정겨움을 느낄 수 있다.

① 지역　　　　　　② 사투리　　　　　　③ 의사소통

3

우리는 잘 모르는 장소에 갈 때 지도를 보며 길을 찾고 거리가 얼마나 될지 짐작합니다. 집과 집 사이의 경계나 나라와 나라 사이의 경계를 나눌 때도 지도를 사용하고, 도로나 철도를 만들 때도 지도를 사용합니다. 또 배나 항공기를 조종할 때도 지도를 사용합니다. 이처럼 지도의 쓰임새는 매우 다양합니다.

① 지도의 뜻　　　　② 지도의 종류　　　　③ 지도의 쓰임새

4

법원은 법에 따라 재판을 하는 곳입니다. 법원이 하는 일은 많습니다. 첫째, 사회에 피해를 준 사람에게 벌을 주어 사회의 질서가 유지되도록 합니다. 둘째, 사람들 사이에 갈등이 생겼을 때 법에 따라 옳고 그름을 따져 해결해 줍니다. 셋째, 개인이나 국가로부터 피해를 입은 사람을 도와줍니다.

① 국가가 하는 일　　② 법원이 하는 일　　③ 재판할 때 하는 일

2 다음 글의 핵심어를 찾아 쓰세요.

1

　독도는 경상북도 울릉군에 속하는 화산섬으로, 우리나라의 동쪽 끝에 있습니다. 독도는 두 개의 큰 섬인 동도와 서도, 그리고 작은 바위섬 89개로 이루어져 있습니다. 동도에는 독도를 지키는 독도 경비대의 숙소와 등대가 있고, 서도에는 주민 숙소가 있습니다. 독도의 바위섬에는 촛대바위, 얼굴바위 등 생김새에 따라 재미있는 이름이 붙여져 있습니다.

(　　　　　　　　　　　　　　　　　　)

2

　수학계의 노벨상이라고 불리는 필즈상은 수학 분야에서 우수한 업적이 있는 사람에게 주는 상이다. 캐나다의 수학 교수였던 필즈의 노력으로 만들어졌다. 필즈상은 4년마다 한 번씩 열리는 세계 수학자 대회에서 결정되는데, 40세가 넘으면 받을 수 없다. 우리나라에서는 2022년에 허준이 교수가 최초로 받았다.

(　　　　　　　　　　　　　　　　　　)

3

　운동의 단계는 준비 운동, 주운동, 정리 운동으로 이루어진다. 준비 운동은 본격적으로 주운동을 하기 전에 몸을 부드럽게 만들어 주는 운동으로, 부상을 예방해 준다. 주운동은 종목과 방법을 구체적으로 정해 가장 많은 시간을 들여서 하는 운동이다. 정리 운동은 주운동을 마치고 운동 중에 생긴 피로를 풀어 주는 운동이다.

(　　　　　　　　　　　　　　　　　　)

4

　등대는 바닷가나 섬에 탑 모양으로 높이 세워져 있는 시설로, 빨간색과 하얀색을 많이 볼 수 있다. 등대의 색깔이 나타내는 의미는 다음과 같다. 빨간색 등대는 바다에서 항구 쪽을 바라볼 때, 등대의 오른쪽이 위험하니 왼쪽으로 가라는 의미이다. 하얀색 등대는 바다에서 항구 쪽을 바라볼 때, 등대의 왼쪽이 위험하니 오른쪽으로 가라는 의미이다.

(　　　　　　　　　　　　　　　　　　)

연습 문제

3 다음 글의 핵심어를 찾아 ○표 하세요.

1
　콩나물은 콩을 싹 틔운 채소입니다. 콩나물은 키우기가 무척 쉽기 때문에 방법만 알면 누구나 집에서 키울 수 있습니다. 콩나물을 키우려면 우선 콩을 물에 담가 4~5시간 정도 불리고, 물이 잘 빠지는 그릇에 놓습니다. 그런 다음 어둡고 따뜻한 곳에 둔 뒤, 마르지 않도록 물을 자주 줍니다. 일주일쯤 지나 콩나물이 5~7센티미터 정도 자라면 먹어도 됩니다.

▲ 콩나물

① 콩을 키우는 방법　　② 콩나물을 키우는 방법　　③ 콩나물무침을 만드는 방법

2
　나라마다 사용하는 문장 부호가 다르다. 예를 들어 우리는 설명하는 문장의 끝에 마침표(.)를 쓰지만, 일본에서는 '。'로 표시한다. 또 우리는 묻는 문장의 끝에 물음표(?)를 쓰지만, 스페인에서는 문장 앞에 물음표를 뒤집어 '¿'로 표시하고, 문장 끝에 물음표를 똑바로 쓴다. 그리고 우리는 남의 말이나 글에서 문장을 가져와 쓸 때 문장의 앞뒤에 큰따옴표(" ") 또는 작은따옴표(' ')를 쓰지만, 프랑스에서는 '《 》'로 표시한다.

① 문장 부호의 종류　　② 나라마다 다른 문장　　③ 나라마다 다른 문장 부호

3
　돈은 우리가 살아가는 데 필요합니다. 그 까닭은 첫째, 생활에 필요한 기본적인 것들을 얻기 위해서입니다. 우리의 의식주와 관련된 대부분은 돈을 주고 사야 합니다. 둘째, 교육을 받거나 여가 생활을 즐기기 위해서입니다. 돈이 있어야 학교에 다닐 수 있고, 여행이나 독서, 영화 감상, 운동 등 다양한 활동을 할 수 있습니다. 셋째, 저축을 하여 미래에 일어날 수 있는 일들을 대비하기 위해서입니다.

① 돈의 역사　　② 돈이 필요한 까닭　　③ 돈을 아끼는 방법

4 다음 빈칸에 알맞은 말을 넣어 **핵심어**를 완성하세요.

1

　옛날 사람들에게 달은 매우 중요했습니다. 달의 변화에 따라 시간을 예측하고, 이에 맞추어 농사를 지었기 때문입니다. 이렇게 중요한 달의 모양을 본떠서 만든 떡이 있는데, 바로 송편입니다. 송편을 빚을 때 깨나 콩과 같은 소를 넣기 전에는 보름달 모양이고, 소를 넣고 접으면 반달 모양이 됩니다. 송편 한 개에 보름달 모양과 반달 모양을 모두 담은 것입니다. 이렇게 달의 변화를 담아 송편을 만들었다는 유래가 있습니다.

송편의 (　　　　　　)

2

　감기와 독감은 둘 다 바이러스에 의해 걸린다는 공통점이 있다. 또 걸렸을 때의 증상이 비슷해서 사람들은 감기와 독감이 같은 병이라고 오해하기도 한다. 그러나 감기와 독감은 전혀 다른 질병이기 때문에 차이점이 있다. 감기는 리노바이러스와 아데노바이러스 등 100가지가 넘는 바이러스가 원인이 되어 걸리지만, 독감은 인플루엔자라는 한 가지 바이러스가 원인이 되어 걸린다. 그래서 감기는 예방 주사가 없지만, 독감은 예방 주사가 있다.

(　　　　　　)의 공통점과 차이점

3

　나침반은 방향을 알려 주는 도구이다. 어떤 원리일까? 나침반의 바늘은 작은 자석으로 되어 있다. 자석의 양쪽 끝은 각각 N극과 S극을 띠고 있는데, 같은 극끼리는 밀어내고 다른 극끼리는 서로 잡아당긴다. 나침반은 이와 같은 원리로 작동한다. 지구는 커다란 자석과 같아서 북극은 S극, 남극은 N극을 띠고 있다. 나침반 바늘의 붉은 쪽은 N극을 띠고 있기 때문에 늘 북쪽을 가리킨다. 나침반과 지구는 두 개의 자석처럼 서로 다른 극끼리 잡아당기고 같은 극끼리 밀어내는 것이다.

▲ 나침반

나침반의 (　　　　　　)

중심 문장 찾기

핵심어를 찾은 뒤에는 각 문단의 **중심 문장**을 찾아야 해요. 문단은 중심 문장과 뒷받침 문장으로 이루어져 있어요. **중심 문장**은 **문단의 내용을 대표하는 문장**이고, 뒷받침 문장은 중심 문장을 덧붙여 설명하거나 예를 드는 방법으로 도와주는 문장이에요.

방법 1 중요한 문장 선택하기

중심 문장을 찾으려면 **문단의 내용을 가장 잘 나타낸 중요한 문장**이 무엇인지 알아야 해요. 중심 문장은 문단의 처음이나 끝에 오는 경우가 많지만 아닌 경우도 있어요.

대표 문제 ①

1. 우리나라는 계절에 따라 기온의 변화가 큽니다. 봄에는 날씨가 따뜻하고, 여름에는 무척 덥습니다. 또 가을에는 선선하고, 겨울에는 춥습니다.
   ①문단의 내용을 대표하는 문장

2. 우리나라는 계절에 따라 강우량의 변화도 큽니다. 강우량은 어떤 곳에 일정 기간 동안 내린 비의 양을 말하는데, 우리나라는 여름에 비가 많이 오고 겨울에는 적게 옵니다. 일 년 동안 내리는 비의 대부분이 6~9월에 내립니다.
   ②문단의 내용을 대표하는 문장

3. 우리나라는 여름에 적도 부근의 태평양에서 덥고 습기가 많은 바람이 불어옵니다. 그리고 겨울에는 북쪽의 시베리아에서 차갑고 건조한 바람이 불어옵니다. 이처럼 우리나라는 계절에 따라 불어오는 바람도 다릅니다.
   ③문단의 내용을 대표하는 문장

→ ①문단의 중심 문장은 문단의 처음에 나온 "우리나라는 계절에 따라 기온의 변화가 큽니다."입니다. ②문단의 중심 문장은 문단의 처음에 나온 "❶(   )."이고, ③문단의 중심 문장은 문단의 끝에 나온 "❷(   )."입니다.

방법 2 다른 말로 재구성하여 중심 내용 정리하기

문단에서 찾은 중심 문장이 간결하지 않을 수도 있어요. 그럴 때는 그 문단에서 글쓴이가 하고 싶은 말이 무엇인지 생각하면서 **문장을 재구성해 중심 내용을 간결하게 정리**해야 해요. 중심 문장에서 중요하지 않은 내용을 삭제하면 돼요.

대표 문제 ①

　우리 조상들은 차례를 지낼 때 복숭아, 고춧가루, 팥과 같이 귀신을 쫓는 음식을 상에 올리지 않았다. 예로부터 복숭아나무는 귀신을 쫓는다는 설이 있었기 때문에 차례상에 복숭아를 올리지 않았다. 또 붉은색 역시 귀신을 쫓는다고 생각해서 붉은 고춧가루나 팥도 차례상에 올라갈 음식에 쓰지 않았다.

_{귀신을 쫓는 음식의 예}

▲ 복숭아　　　▲ 고춧가루　　　▲ 팥

→ 이 문단의 중심 문장은 첫 번째 문장입니다. '복숭아, 고춧가루, 팥'은 귀신을 쫓는 음식의 예입니다. 이런 예를 삭제하여 중심 내용을 정리하면 "우리 조상들은 차례를 지낼 때 ❸(　　　　　)을 상에 올리지 않았다."입니다.

대표 문제 ②

　책을 읽고 독서 감상문을 쓰면 읽은 책의 내용과 자신의 생각이나 느낌을 정리하며 책을 좀 더 깊이 이해할 수 있습니다. 또 책을 읽고 느낀 감동을 오래 기억할 수 있고, 글쓰기 실력도 높일 수 있습니다. 따라서 책을 읽은 뒤에는 자신에게 도움이 되도록 독서 감상문을 쓰는 것이 좋습니다.

_{중요하지 않은 내용}

→ 이 문단의 중심 문장은 마지막 문장입니다. 중요하지 않은 내용을 삭제하여 중심 내용을 정리하면 "책을 읽은 뒤에는 ❹(　　　　　)을 쓰는 것이 좋습니다."입니다.

연습 문제

1 다음 ㉠과 ㉡ 중 문단의 중심 문장을 찾아 기호를 쓰세요.

1
　㉠철새는 알을 낳거나 겨울을 나기 위해서 계절에 따라 서식지를 이동하는 새입니다. 따뜻한 곳에 사는 철새들은 따뜻한 곳을 찾아 이동하고, 추운 곳에 사는 철새들은 추운 곳을 찾아 이동합니다. ㉡먹이를 구하기 쉽고 새끼를 기르기에 알맞은 곳을 찾아 사는 곳을 옮기는 것입니다.

(　　　)

2
　㉠고양이나 도마뱀은 높은 곳에서 떨어질 때 꼬리로 중심을 잡는다. 코끼리나 소는 꼬리를 흔들어서 모기나 파리를 쫓는다. 또 원숭이는 꼬리로 나무를 타고 이동하기도 한다. 이렇게 ㉡동물들은 저마다 꼬리를 유용하게 활용한다.

(　　　)

3
　㉠꿀과 식용유는 액체이다. 끈끈한 점성이 있기 때문에 물과 달라 보여서 액체가 아니라고 생각할 수 있지만, 액체의 성질을 가지고 있다. ㉡다른 액체들처럼 담는 용기에 따라 모양이 변하지만, 부피는 변하지 않는다.

(　　　)

4
　㉠전자레인지를 작동시킬 때 전자파가 나오기 때문에 가까이 있으면 안 된다고 믿는 사람들이 많다. 그러나 ㉡전자레인지에서 나오는 전자파는 우리 몸에 해로운 영향을 거의 주지 않는다. 우리 몸에 영향을 미치기엔 그 양이 매우 적기 때문이다. 대부분의 전자파는 전자레인지 안에 갇혀 있어서 밖으로 나오지 못한다.

(　　　)

2 다음 문단의 중심 문장을 찾아 밑줄을 그으세요.

1 불은 인류의 삶을 크게 바꾸어 놓았습니다. 익히지 않고 날로 먹던 음식을 익혀 먹을 수 있게 되었고, 추위로부터 몸을 보호할 수 있게 되었으며, 진흙을 구워 그릇도 만들 수 있게 되었습니다. 또 어두운 밤을 밝힐 수 있게 되면서 활동 시간이 늘어나고 사회 구조도 발달하게 되었습니다.

2 코딱지를 파내려고 손가락으로 코를 파면 손에 있던 바이러스나 세균이 코를 지나 바로 몸으로 침입할 수 있습니다. 코를 파다 콧속에 상처가 나면 코피가 나고 염증이 생길 수도 있습니다. 또 코를 자주 파면 코안이 약해져 코딱지가 더 많이 생길 수도 있습니다. 따라서 손가락으로 코를 파면 안 됩니다.

3 농사일을 할 때 쓰는 도구를 '농기구'라고 한다. 우리 조상들은 다양한 농기구를 사용했다. 논이나 밭의 잡초를 제거하거나 감자나 고구마를 캘 때는 주로 호미를 사용했다. 농작물을 운반할 때는 지게를 사용했는데, 지게는 우리나라에서만 사용하는 농기구였다. 곡식을 빻을 때는 절구를 사용했고, 땅을 갈아엎을 때는 쟁기를 사용했다.

4 최근 많은 기업들이 플라스틱 쓰레기를 줄이기 위한 노력을 하고 있다. 한 커피 체인점은 카페에서 여러 번 쓸 수 있는 다회용 컵을 사용하도록 했다. 돈을 내고 다회용 컵을 이용한 뒤 다시 돌려주면 돈을 돌려받는 것이다. 비스킷 제품 포장에 들어가던 플라스틱 용기를 종이 용기로 바꾼 기업도 있고, 제품을 포장할 때 라벨을 없애는 기업도 늘고 있다.

연습 문제

3 다음 문단의 중심 내용을 바르게 정리한 것을 찾아 ○표 하세요.

1

　로봇은 우리 생활 곳곳에서 다양하게 이용되고 있다. 로봇은 1960년대부터 공업 분야에서 물건을 만드는 일에 이용되었다. 요즘은 해저 탐사나 행성 탐사를 위해 이용되기도 하고, 의료 분야에서 정확한 수술을 위해 이용되기도 한다. 또 폭발물 처리와 같은 위험한 일이나 물건 배달, 집 안 청소와 같은 일에도 이용되고 있다.

① 로봇은 다양하게 이용되고 있다. (　　　)
② 로봇은 공업 분야와 의료 분야에서 이용되고 있다. (　　　)

2

　원시인들은 동물을 직접 사냥해서 먹었습니다. 하지만 사냥이 쉽지 않았고, 그들이 가진 무기로 몸집이 큰 동물을 잡는 것은 더욱 어려웠습니다. 그래서 사냥을 잘할 수 있는 방법을 생각하다가 잡고 싶은 동물을 그리면 그 동물을 잡을 수 있다고 믿게 되었습니다. 그때부터 원시인들은 사냥이 잘되기를 바라는 마음으로 동굴 벽에 들소, 사슴, 염소와 같은 동물을 그렸습니다.

① 원시인들은 동물을 사냥해서 먹었습니다. (　　　)
② 원시인들은 사냥이 잘되기를 바라는 마음으로 동굴 벽에 동물을 그렸습니다. (　　　)

3

　동물원은 동물 보호보다는 관람을 목적으로 세워진 시설이다. 동물원에 있는 동물들은 자연 상태와는 매우 다른 환경에서 살기 때문에 스트레스를 받아 비정상적인 행동을 하는 경우가 많다. 운동 부족으로 비만이나 다른 건강 문제가 발생하기도 한다. 그리고 요즘에는 인터넷 검색이나 다큐멘터리 시청 등 다양한 방법으로 동물을 보고 동물에 대한 정보를 얻을 수 있기 때문에 굳이 동물원이 필요하지 않다. 그러므로 이제 동물을 가두어 두는 동물원을 없애야 한다.

① 이제 동물원을 없애야 한다. (　　　)
② 동물원은 관람을 목적으로 세워진 시설이다. (　　　)

4 다음 빈칸에 알맞은 말을 넣어 문단의 중심 내용을 완성하세요.

1

　우리 조상들이 먹던 음식 중 하나인 순대가 아주 오래전에는 매우 귀한 음식이었다. 중국에서 가장 오래된 시집에는 손님을 맞아 하인들이 융단을 깔고 곱창과 순대를 준비했다는 기록이 있다. 또 우리나라의 조선 시대에 쓰인 책에는 순대가 제사에 쓰이던 음식이라는 것을 알 수 있는 내용이 담겨 있다. 조선 시대에는 순대를 왕실에서 즐겨 먹었다고도 한다.

_____이/가 아주 오래전에는 매우 귀한 음식이었다.

2

　종이, 사진, 잡지 등 다양한 재료를 찢거나 오려 붙여서 작품을 만드는 것을 '콜라주'라고 합니다. 콜라주는 풀로 붙인다는 뜻의 프랑스어로, 포스터나 광고 등에 많이 사용하는 미술 기법입니다. 종이류 이외에도 천, 솜, 털실, 나뭇잎, 나무 조각, 쇠붙이, 모래 등의 다양한 재료를 사용합니다.

_____을/를 찢거나 오려 붙여서 작품을 만드는 것을 '콜라주'라고 합니다.

3

　조선 시대에는 개인이 사회에서 가지는 신분에 따라 밥상이 달랐다. 양반의 대표적인 밥상은 7첩 반상이다. 기본적인 밥, 국, 김치, 장, 찌개, 찜이나 전골 외에 익힌 나물과 익히지 않은 나물, 구이, 조림, 전, 마른반찬이나 젓갈 또는 장아찌, 회나 편육 중 일곱 가지 반찬으로 구성된다. 평민의 대표적인 밥상은 3첩 반상이다. 기본적인 밥, 국, 김치, 장 외에 나물, 구이나 조림, 마른반찬이나 젓갈 또는 장아찌 중 세 가지 반찬으로 구성된다.

조선 시대에는 _____.

3. 글의 짜임에 맞게 정리하기 ①

핵심어와 중심 문장을 찾은 뒤에는 **글의 짜임**을 파악하고, 핵심어와 중심 문장을 이용해서 알맞은 틀에 정리해야 해요. 글의 짜임에 따라 뒷받침 문장의 내용을 덧붙여야 할 때도 있어요. 글의 짜임을 알면 글이 어떻게 전개되는지 파악할 수 있고, 요약도 잘할 수 있어요.

방법 1 나열 짜임

나열 짜임은 **설명 대상의 특징을 쭉 늘어놓은 짜임**으로, '**먼저, 첫째, 둘째**' 등과 같은 말을 사용하는 경우가 많아요. 나열 짜임의 글은 먼저 구조 틀에 핵심어를 쓰고, 글에서 설명한 대상의 특징이 잘 드러나게 중요한 내용을 정리해요.

대표 문제 ①

1 우리 주변에는 매우 다양한 식물이 살고 있습니다. **식물의 종류**(←핵심어)는 다음과 같이 크게 두 가지로 나눌 수 있습니다.

2 **먼저 꽃을 피우는 식물이 있습니다.** (중심 문장) 장미, 나팔꽃, 벼, 수박, 참외, 사과나무 등이 이에 해당합니다. 지구상에 있는 대부분의 식물은 꽃을 피우는데, 꽃을 피우고 열매를 맺으면서 자손을 퍼뜨립니다.

3 **꽃을 피우지 않는 식물도 있습니다.** (중심 문장) 고사리, 이끼, 파래 등이 이에 해당합니다. 꽃을 피우지 않는 식물은 꽃을 피우는 식물보다 진화가 덜 되었다고 할 수 있습니다.

◀ 고사리

→ 이 글은 '식물의 ❶( )'를 쭉 늘어놓으며 설명한 글입니다. **1**문단에서 핵심어를 찾고, **2**문단과 **3**문단의 중심 문장을 찾은 뒤 뒷받침 문장에서 설명한 각각의 예를 덧붙여 다음과 같은 틀에 정리할 수 있습니다.

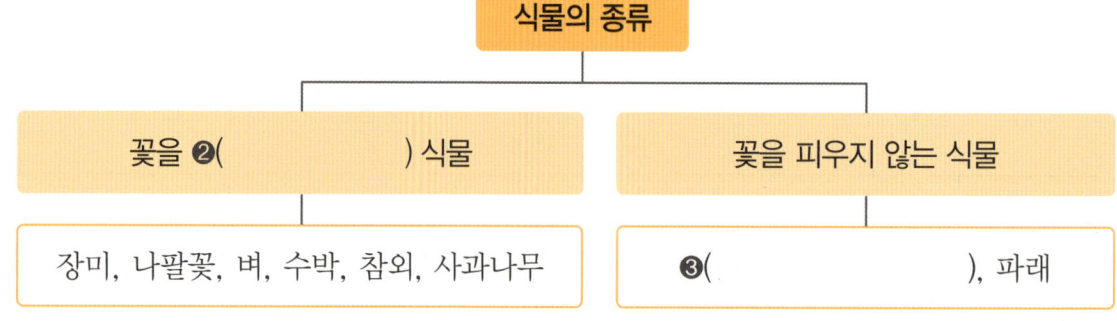

방법 2 순서 짜임

순서 짜임은 **시간이나 장소가 바뀌는 순서에 따라 설명하는 짜임**으로, '먼저, 첫 번째, 그러고는, 마지막으로' 등과 같은 **시간 순서를 나타내는 말**이나 **장소를 나타내는 말**을 사용하는 경우가 많아요. 순서 짜임의 글은 먼저 구조 틀에 핵심어를 쓰고, 시간이나 장소의 순서대로 나타난 중요한 내용을 차례대로 정리해요.

대표 문제 ①

1 프렌치토스트는 달걀과 우유를 넣어 만든 달걀물에 식빵을 적셔서 구워 낸 빵입니다. 프렌치토스트 위에 다양한 재료를 올릴 수 있는데, 귤을 올리면 귤 프렌치토스트가 됩니다. **귤 프렌치토스트를 만드는 방법**을 알아봅시다. →핵심어

2 먼저 깨끗이 씻은 귤을 껍질째 썰어 준비합니다. 그리고 식빵이 들어갈 수 있는 크기의 그릇에 달걀, 우유, 설탕, 소금을 넣어 달걀물을 만듭니다. 그다음 썰어 놓은 귤을 굽습니다. 이때 기름은 넣지 않고, 약한 불에 굽습니다. 그 뒤에는 식빵을 달걀물에 담갔다 뺀 뒤 굽습니다. 이때에는 기름을 두르고, 식빵이 타지 않게 뒤집어 가며 노릇하게 굽습니다. 마지막으로 구운 식빵 위에 설탕을 뿌리고 구워 놓은 귤을 예쁘게 올립니다.
(순서①, 순서②, 순서③, 순서④, 순서⑤)

▲ 귤 프렌치토스트

→ 이 글은 '❹(　　　　　)를 만드는 방법'을 순서대로 설명한 글입니다. 1문단에서 핵심어를 찾고, 2문단에서 시간 순서를 나타내는 말과 그에 해당하는 중요한 내용을 찾아 다음과 같은 틀에 차례대로 정리할 수 있습니다.

귤 프렌치토스트를 만드는 방법

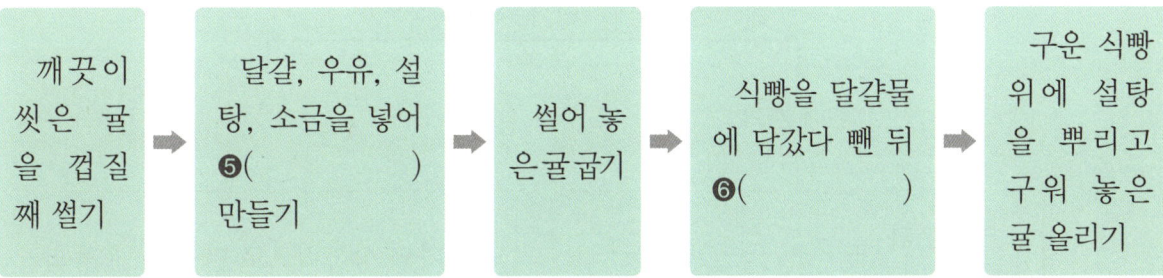

깨끗이 씻은 귤을 껍질째 썰기 → 달걀, 우유, 설탕, 소금을 넣어 ❺(　　　) 만들기 → 썰어 놓은 귤 굽기 → 식빵을 달걀물에 담갔다 뺀 뒤 ❻(　　　) → 구운 식빵 위에 설탕을 뿌리고 구워 놓은 귤 올리기

연습 문제

❋ 빈칸에 알맞은 말을 넣어 **나열 짜임**의 글을 정리하세요.

1

　우리는 많은 사람들과 대화를 나누며 살아갑니다. 그중에서 특히 웃어른과 대화할 때에는 주의할 점이 있습니다.
　첫째, 공손한 태도로 대화해야 합니다. 웃어른의 기분이 상하지 않도록 예의 바르게 행동하며 대화해야 합니다.
　둘째, 높임말을 사용하여 대화해야 합니다. 우리말에는 웃어른께 공경하는 마음을 담아 하는 말인 높임말이 있으므로 웃어른께는 높임말을 사용해야 합니다.

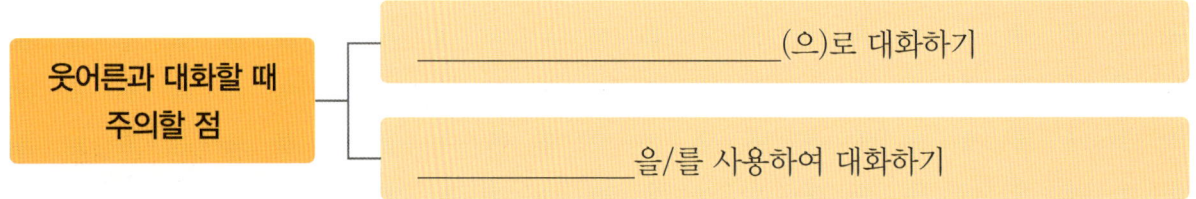

웃어른과 대화할 때 주의할 점
- _____(으)로 대화하기
- _____을/를 사용하여 대화하기

2

　동화는 있음 직한 일을 상상하여 어린이를 위해서 쓴 이야기입니다. 동화의 종류에는 전래 동화와 창작 동화가 있습니다.
　전래 동화는 옛날부터 입에서 입으로 전해 내려오는 동화입니다. 작가가 누구인지 알 수 없고, 착한 사람은 복을 받고 나쁜 사람은 벌을 받는다는 내용이 많습니다.
　창작 동화는 작가의 상상력으로 만들어 낸 동화입니다. 따라서 작가의 생각이 잘 드러나 있는 경우가 많습니다. 또 주제는 '친구와의 우정, 환경 보호, 이웃 사랑' 등 다양합니다.

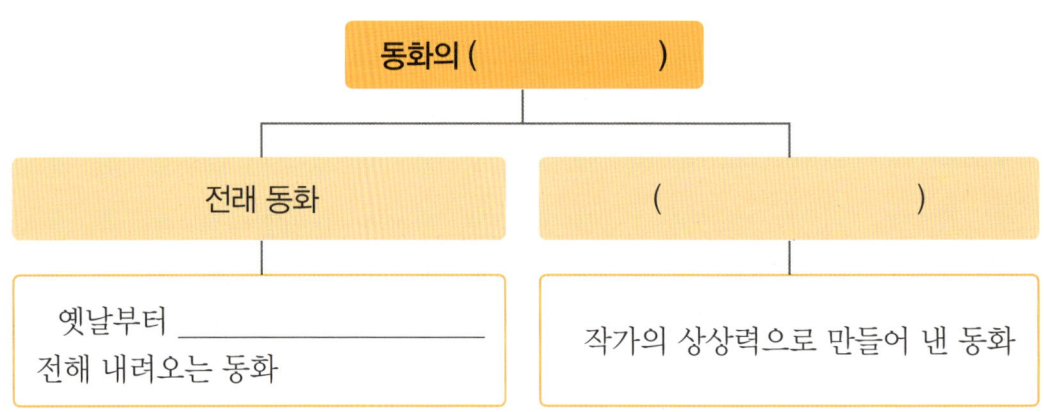

동화의 (　　　　)
- 전래 동화: 옛날부터 _____ 전해 내려오는 동화
- (　　　　　　): 작가의 상상력으로 만들어 낸 동화

3

　세계에는 수많은 종교가 있습니다. 그중에서 특히 전 세계적으로 *신자가 많은 종교 세 가지를 '세계 3대 종교'라고 부릅니다.

　세계 3대 종교 중 첫 번째는 기독교입니다. 기독교는 하나님과 예수님을 믿는 종교입니다. 기독교의 대표적인 기념일은 크리스마스입니다. 예수가 태어난 날을 축하하는 날로, 12월 25일입니다. 크리스마스가 되면 사람들은 예수 탄생의 기쁨을 나누기 위해 서로 선물을 주고받기도 합니다.

　두 번째는 불교입니다. 불교는 부처님, 즉 석가모니를 믿는 종교입니다. 불교의 대표적인 기념일은 부처님 오신 날입니다. 석가모니가 태어난 날을 기념하는 날로, 음력 4월 8일입니다. 부처님 오신 날은 '석가 탄신일'이라고도 합니다. 부처님 오신 날에는 사람들의 소원을 담은 *연등을 매달기도 합니다.

　세 번째는 이슬람교입니다. 이슬람교는 알라를 믿는 종교입니다. 이슬람교의 대표적인 기념일은 라마단으로, 이슬람 달력으로 아홉 번째 달입니다. 라마단 기간 중에는 약 한 달 동안 해가 뜰 때부터 질 때까지 음식을 먹지 않습니다.

*신자: 종교를 믿는 사람.
*연등: 석가모니가 태어난 날을 기념하며 밝히는 연꽃 모양의 등.

▲ 크리스마스에 선물을 주고받는 사람들　　▲ 부처님 오신 날에 연등을 단 모습　　▲ 기도를 하고 있는 이슬람교인

연습 문제

✳ 빈칸에 알맞은 말을 넣어 순서 짜임의 글을 정리하세요.

4

　어떤 문제에 대해 찬성과 반대로 나누어 각각 의견을 말하며 논의하는 것을 '토론'이라고 한다. 토론의 과정은 다음과 같다.
　첫 번째, 주장을 펼친다. 토론 주제에 대한 주장과 근거를 말하고, 근거 자료를 제시해야 한다. 두 번째, 반론을 한다. 상대편의 근거와 근거 자료가 적절하지 않음을 밝혀야 한다. 세 번째, 주장과 근거를 다진다. 상대편의 반론이 잘못되었음을 지적하고, 자신의 주장과 근거를 강조해야 한다. 네 번째, 판정을 한다. 어느 편이 토론을 잘했는지 판단해야 한다.

토론의 과정

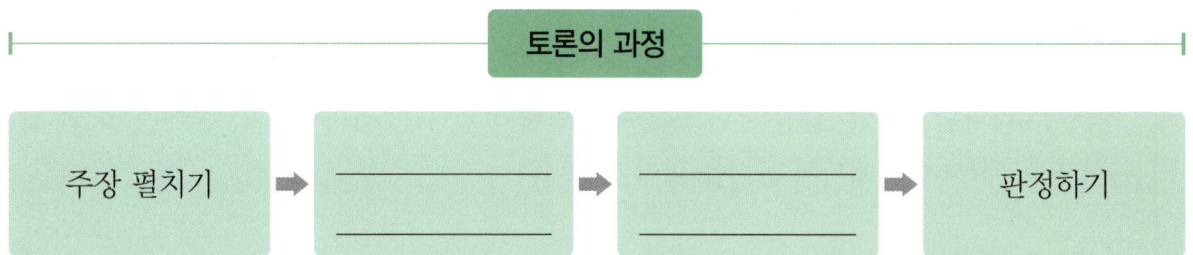

주장 펼치기 ➡ _____ ➡ _____ ➡ 판정하기

5

　지난 주말에 가족과 함께 청와대를 관람했다. 대통령이 일을 하며 살았던 공간을 직접 눈으로 보고 싶었기 때문이다.
　가장 먼저 춘추관에 갔다. 아버지께서 춘추관은 대통령과 정부의 입장을 취재하는 기자들이 드나들던 곳이라고 말씀해 주셨다. 1층에는 기자실과 자료실이 있고, 2층에는 기자 회견을 하는 방이 있었다. 춘추관에서 나와 간 곳은 대통령과 그 가족이 생활하던 관저였다. 청와대에서 가장 깊숙한 안쪽에 자리잡고 있었다. 전통 양식으로 만들어져서 매우 아름다웠다. 마지막으로 간 곳은 영빈관이었다. 영빈관은 주로 대규모 회의와 외국 손님을 위한 공식 행사가 열렸던 곳이라고 했다. 서양식으로 지은 모습이 특별하게 느껴졌다.

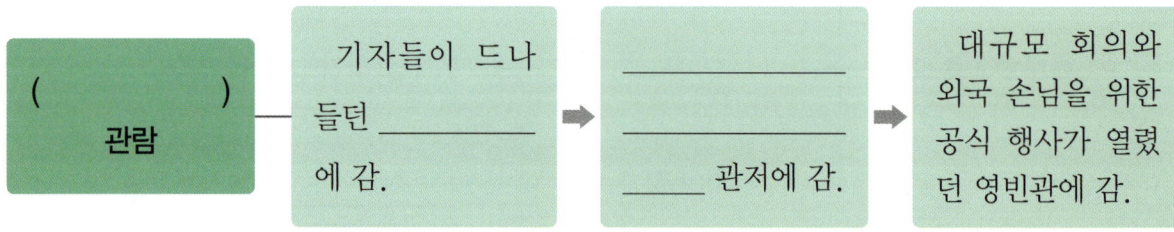

(_____) 관람 ➡ 기자들이 드나들던 _____에 감. ➡ _____ 관저에 감. ➡ 대규모 회의와 외국 손님을 위한 공식 행사가 열렸던 영빈관에 감.

6

아마 모기에 한 번도 물려 보지 않은 친구는 없을 거예요. 모기는 알을 낳기 위한 영양분을 얻기 위해서 우리를 뭅니다. 우리의 피를 빨아들여 영양분을 보충하는 것입니다. 모기가 우리의 피를 빨 수 있는 것은 주사기처럼 생긴 바늘을 여섯 개나 가지고 있기 때문입니다. 그런데 이 바늘을 한꺼번에 꽂는 것은 아닙니다. 모기가 우리를 무는 과정을 살펴봅시다.

가장 먼저 '타액관'이라는 바늘을 피부에 꽂고 피부를 마취시키는 물질을 넣습니다. 우리가 모기에게 물리고 있다는 것을 눈치채지 못하게 마취를 하는 것입니다. 이것으로 피가 굳는 것을 막을 수도 있습니다. 피가 굳지 않아야 모기가 피를 빨아들일 수 있습니다.

다음은 '톱날침' 한 쌍과 '바늘침' 한 쌍을 이용해서 피부에 구멍을 냅니다. 이미 부분적으로 마취를 했지만, 예민한 사람은 이때 따끔한 느낌이 들기도 합니다.

피부에 구멍을 내는 것을 성공한 뒤에는 '흡혈관'이라는 바늘을 꽂아 본격적으로 피를 빨아들입니다. 모기의 몸무게는 2밀리그램 정도인데, 모기가 한 번에 빠는 피의 양은 자기 몸무게의 두 배 정도입니다.

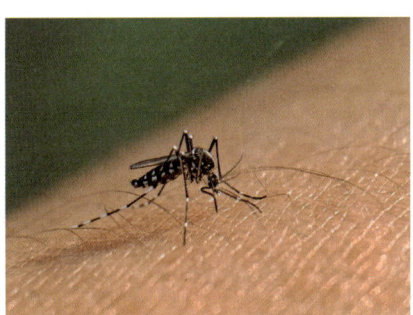 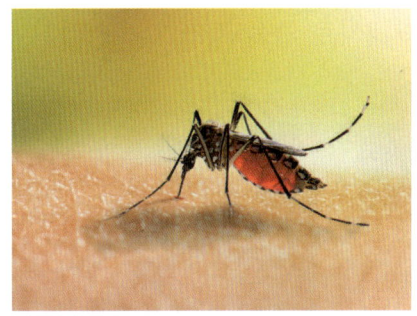

▲ 피를 빨아먹는 모기

모기가 무는 과정

타액관을 피부에 꽂고 _____을/를 넣음.

⬇

톱날침 한 쌍과 바늘침 한 쌍을 이용해서 _____.

⬇

_____ 본격적으로 피를 빨아들임.

3 글의 짜임에 맞게 정리하기 ②

방법 3 비교와 대조 짜임

비교와 대조 짜임은 **대상들의 공통점과 차이점을 중심으로 설명하는 짜임**으로, '**공통점이 있습니다**', '**차이점이 있습니다**' 등과 같은 말을 사용하는 경우가 많아요. 비교와 대조 짜임의 글은 먼저 구조 틀에 글에서 설명하는 대상 두 가지를 쓰고, 항목별로 설명한 내용 중에서 중요한 내용이 잘 드러나게 정리해요.

> **대표 문제 ①**
>
> ❶ 가야금과 거문고는 공통점이 있습니다. 가야금과 거문고는 우리나라의 전통 악기이고, 줄의 진동으로 소리를 내는 현악기입니다. 또 둘 다 주로 오동나무를 사용해서 만듭니다. 오동나무는 습기에 강하고, 단단하면서도 소리가 좋기 때문입니다.
> (중심 문장)
>
> ❷ 가야금과 거문고는 차이점도 있습니다. 기본적으로 가야금은 줄이 12개이지만, 거문고는 줄이 6개입니다. 또 가야금은 손가락으로 줄을 뜯거나 튕겨서 연주하지만, 거문고는 '술대'라고 하는 긴 막대기로 줄을 튕기거나 눌러서 연주합니다. 술대는 주로 대나무로 만듭니다.
> (중심 문장)

▲ 가야금을 연주하는 모습

▲ 거문고를 연주하는 모습

→ 이 글은 '❶( )의 공통점과 차이점'을 설명한 글입니다. 먼저 설명하는 대상을 찾고, ❶문단에서 설명한 공통점과 ❷문단에서 설명한 차이점 중 중요한 내용만 골라 다음과 같은 틀에 정리할 수 있습니다.

가야금
- 줄이 12개임.
- ❷( )으로 줄을 뜯거나 튕겨서 연주함.

[공통]
- 우리나라의 전통 악기임.
- ❸( ).
- 주로 오동나무를 사용해서 만듦.

거문고
- 줄이 ❹( )임.
- 술대로 줄을 튕기거나 눌러서 연주함.

30

방법 4 　문제와 해결 짜임

문제와 해결 짜임은 **해결할 문제와 그에 대한 해결 방법을 제시하는 짜임**으로, '**문제가 되고 있다**', '**이를 해결하려면**' 등과 같은 말을 사용하는 경우가 많아요. 문제와 해결 짜임의 글은 글을 쓰게 된 문제 상황과 그 문제 상황을 해결할 수 있는 방법으로 나누어 정리해요.

대표 문제 ①

❶ 문해력이란 글을 읽고 이해하는 능력을 말한다. <u>요즘 학생들은 디지털 기기의 발달로 독서량이 부족해지면서 문해력이 매우 낮다.</u>
　　　　　　　　　　　　　　　　　중심 문장 – 문제점

❷ <u>이를 해결하려면 첫째, 재미있는 책을 찾아 읽는다.</u> 문해력을 높이려면 다양한 책을 많이
　　중심 문장 – 해결 방안 ①
읽어야 하지만, 처음부터 길고 어려운 책을 읽는 것은 힘들 수 있다. 따라서 자신의 수준에 맞고 흥미를 끄는 책을 찾아 읽어야 한다. 어린이 신문이나 잡지부터 시작하는 것도 좋다.

❸ <u>둘째, 책을 읽고 대화를 나눈다.</u> 책을 읽고 대화를 나누면 자신이 책의 내용을 바르게 이해
　중심 문장 – 해결 방안 ②
했는지 점검할 수 있고 생각하는 힘도 기를 수 있어서 문해력을 높일 수 있다.

❹ <u>셋째, 책을 읽고 글을 쓴다.</u> 책을 읽고 글을 쓰면 자신이 이해한 내용을 정리하는 활동을 하
　중심 문장 – 해결 방안 ③
게 되므로 문해력을 높이는 데 도움이 된다. 글을 잘 쓰지 못하더라도 꾸준히 쓰는 것이 좋다.

→ 이 글은 '요즘 학생들의 문해력이 낮은 문제점과 그 문제를 해결하는 방법'을 쓴 글입니다. ❶문단에서 문제점을 찾고, ❷~❹문단에서 해결 방안을 찾아 다음과 같은 틀에 정리할 수 있습니다.

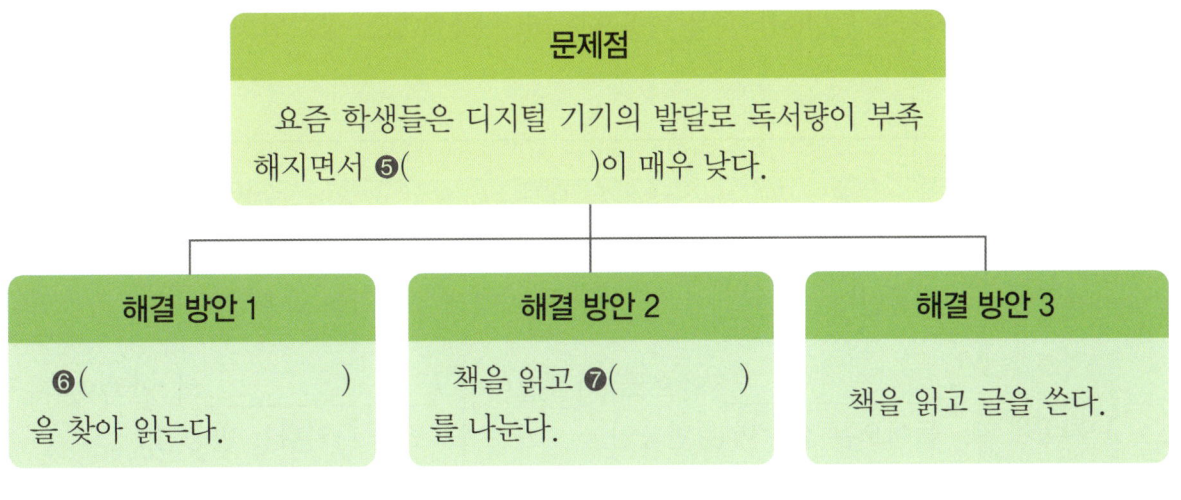

문제점
요즘 학생들은 디지털 기기의 발달로 독서량이 부족해지면서 ❺(　　　　　)이 매우 낮다.

해결 방안 1	해결 방안 2	해결 방안 3
❻(　　　　　)을 찾아 읽는다.	책을 읽고 ❼(　　　　　)를 나눈다.	책을 읽고 글을 쓴다.

연습 문제

❋ 빈칸에 알맞은 말을 넣어 **비교와 대조 짜임**의 글을 정리하세요.

1

　호랑이와 사자는 둘 다 고양잇과의 육식 동물이지만, 다른 점이 있습니다. 호랑이는 정글이나 숲에서 살지만, 사자는 비교적 개방된 초원에서 삽니다. 또 호랑이는 독립적으로 생활하지만, 사자는 무리를 지어 생활합니다. 호랑이는 새끼를 키우는 암컷 호랑이를 제외하면 대부분 혼자서 다닙니다. 반면 사자는 여러 마리의 암컷 사자와 그들의 새끼, 그리고 한두 마리의 수컷 사자가 무리를 이루어 함께 삽니다.

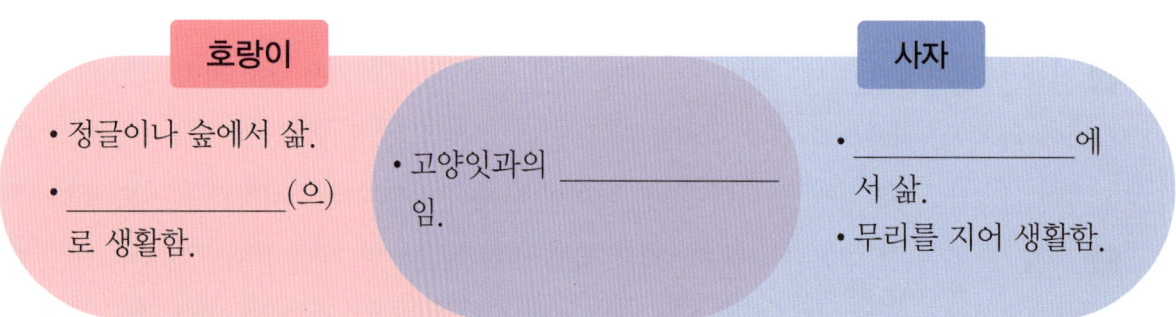

- 호랑이
  - 정글이나 숲에서 삶.
  - _____(으)로 생활함.
- 고양잇과의 _____임.
- 사자
  - _____에서 삶.
  - 무리를 지어 생활함.

2

　기침과 재채기는 세균, 먼지 등의 이물질이 우리 몸의 호흡기를 자극해서 생기는 반응이라는 공통점이 있습니다. 그러나 차이점도 있습니다. 기침은 기체가 드나드는 통로인 기도 안으로 이물질이 들어오는 것을 막는 반응으로, 목에 있는 성문이 닫혔다가 열립니다. 재채기는 코의 안쪽이 자극을 받아 나타나는 반응으로, 코 뒤쪽에 있는 공간인 비인강이 닫혔다가 열립니다.

	기침	( )
공통점	• 이물질이 _____을/를 자극해서 생기는 반응임.	
차이점	• _____ 안으로 이물질이 들어오는 것을 막는 반응임. • 성문이 닫혔다가 열림.	• _____의 안쪽이 자극을 받아 나타나는 반응임. • 비인강이 닫혔다가 열림.

3

　음력 8월 15일은 우리나라의 최대 명절인 추석입니다. 중국은 음력 8월 15일이 중추절입니다. 중추절도 우리나라의 추석처럼 중국의 주요 명절입니다. 이렇게 우리나라의 추석과 중국의 중추절은 같은 점이 있지만, 다른 점도 있습니다.

　먼저 음식이 다릅니다. 우리나라는 추석에 송편을 먹지만, 중국은 중추절에 월병을 먹습니다. 송편은 쌀가루를 반죽해 콩이나 팥, 깨 등을 넣고 빚은 뒤 솔잎을 깔고 찐 떡입니다. 월병은 밀가루를 반죽해 팥이나 과일, 고기, 대추 등을 넣고 둥근 달 모양으로 구워 낸 과자입니다.

　두 번째, 제사를 지내는 대상이 다릅니다. 우리나라는 추석에 조상에게 제사를 지내지만, 중국은 중추절에 달을 향해 제사를 지냅니다. 옛날 중국에서는 중추절에 제사를 지낼 때 달빛이 비치는 마당에 제사상을 차렸다고 합니다.

　세 번째, 놀이가 다릅니다. 우리나라는 추석에 씨름, 강강술래, 줄다리기 등의 놀이를 하지만, 중국은 중추절에 등놀이나 달맞이 등의 놀이를 합니다.

▲ 송편

▲ 월병

		우리나라의 추석	중국의 중추절
같은 점		• _____. • 각 나라의 주요 명절임.	
다른 점	음식	• _____.	• 월병을 먹음.
	제사를 지내는 대상	• 조상에게 제사를 지냄.	• _____.
	(　　　　)	• 씨름, 강강술래, 줄다리기 등을 함.	• 등놀이나 달맞이 등을 함.

연습 문제

✻ 빈칸에 알맞은 말을 넣어 **문제와 해결 짜임**의 글을 정리하세요.

4

요즘 단맛에 중독되는 아이들이 늘고 있다. 아이들이 좋아하는 과자나 음료수의 단맛을 내는 성분은 대부분 비만과 각종 성인병을 일으킬 수 있으므로 주의해야 한다.

단맛에 중독되지 않으려면 건강한 단맛을 즐기고, 건강에 좋은 간식을 먹어야 한다. 설탕 대신 양파나 과일로 단맛을 낸 음식을 먹고, 고구마나 과일 등을 간식으로 먹는 것이 좋다.

| 문제점 | 요즘 _____이/가 늘고 있다. |

| 해결 방안 | _____을/를 즐기고, 건강에 좋은 간식을 먹는다. |

5

스마트폰이나 텔레비전, 컴퓨터 등 전자기기의 사용이 늘면서 사람들의 눈 건강이 나빠지고 있다. 이를 해결하려면 어떻게 해야 할까?

먼저 전자기기를 사용할 때 눈을 자주 깜빡인다. 전자기기 사용 중에는 눈을 덜 깜빡여 눈이 건조해질 수 있으므로 의도적으로 눈을 자주 깜빡이는 것이 좋다.

또 눈 근육 운동을 자주 한다. 가까운 곳을 5초 동안 바라본 뒤 먼 곳을 5초 동안 바라보는 운동을 하면 눈 건강에 도움이 된다.

| 문제점 |
| 전자기기의 사용이 늘면서 _____이/가 나빠지고 있다. |

| 해결 방안 1 | 해결 방안 2 |
| 전자기기를 사용할 때 _____ _____. | _____을/를 자주 한다. |

6

환경에 대한 사람들의 관심이 높아지고 있지만, 환경 오염은 점점 심각해지고 있다. 환경 오염을 막기 위해 우리가 할 수 있는 일을 알아보자.

첫째, 플라스틱 사용을 줄인다. 플라스틱 용기 대신 유리 용기를 사용하고, 합성 섬유로 만든 옷보다 천연 소재로 만든 옷을 입는다. 합성 섬유로 만든 옷은 세탁할 때마다 미세 플라스틱을 배출하므로 면이나 마와 같은 천연 소재로 만든 옷을 입는 것이 좋다.

둘째, 일회용품 사용을 줄인다. 종이컵보다 텀블러를 사용하고, 미세 플라스틱의 원인이 되는 물티슈 대신 행주나 걸레를 사용한다.

셋째, 온실가스 배출량을 줄인다. 온실가스는 지구 온난화를 일으키는데, 지구 온난화로 인한 기후 변화는 지구의 생태계를 망가뜨린다. 자가용보다는 대중교통을 이용하고, 에어컨이나 난방기 사용을 줄이는 것이 좋다.

▲ 텀블러를 이용하는 사람들

▲ 대중교통을 이용하는 사람들

문제점
_____ 이/가 점점 심각해지고 있다.

해결 방안 1	해결 방안 2	해결 방안 3
_____ 을/를 줄인다.	일회용품 사용을 줄인다.	_____.
실천 방법	**실천 방법**	**실천 방법**
유리 용기 사용하기, 천연 소재로 만든 옷 입기	_____, 행주나 걸레 사용하기	대중교통 이용하기, 에어컨이나 난방기 사용 줄이기

4 요약하기

마지막 요약하기 단계에서는 글의 짜임에 맞게 정리한 내용을 바탕으로 중요한 내용을 정리해요.

방법 1 중복되는 내용 삭제하고 연결하기

중복되는 내용은 삭제하고, '그리고, 그러나, -고, -지만' 등의 **이어 주는 말**을 사용해서 문장을 자연스럽게 연결해요.

대표 문제 ①

1 동물은 보통 암컷과 수컷이 짝짓기를 하여 번식한다. 하지만 <mark>짝짓기를 하지 않고 번식할 수 있는 동물</mark>도 있다. 어떤 동물들이 있는지 알아보자. (핵심어)

2 <u>짚신벌레는 자신의 몸을 둘로 나누어 번식한다.</u> 짚신벌레는 한 개의 세포로 이루어져 있는데, 어느 정도 자라면 한 개의 세포가 두 개의 세포로 나누어진다. (중심 문장)

3 <u>말미잘은 몸의 일부가 돋아나 번식한다.</u> 몸의 일부가 마치 싹처럼 돋아나고, 이것이 자라 혼자서도 생활할 수 있을 만큼 커지면 떨어져 나온다. (중심 문장)

4 <u>산호도 몸의 일부가 돋아나 번식한다.</u> 산호가 말미잘과 다른 점은 몸의 일부가 새로 돋아난 뒤 떨어져 나가지 않고 계속 붙어서 함께 살기도 한다는 점이다. (중심 문장)

→ 이 글은 '짝짓기를 하지 않고 번식할 수 있는 동물'을 나열하여 설명한 글입니다. 1문단에서 핵심어를 찾고, 2~4문단의 중심 문장을 찾아 틀에 정리하면 다음과 같습니다.

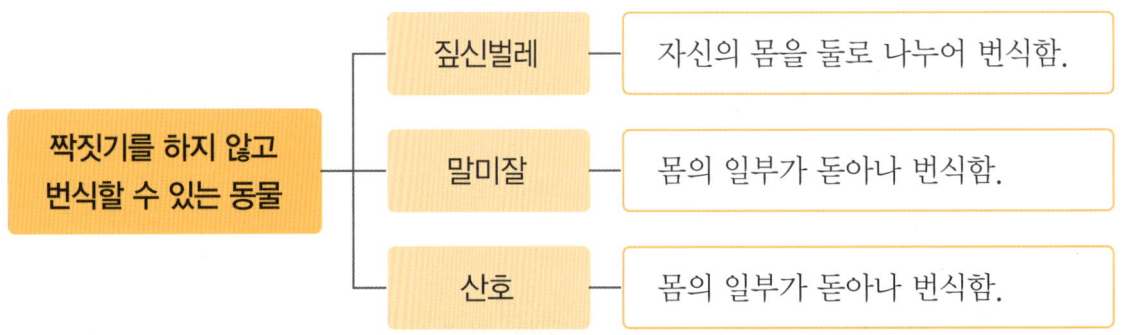

→ 중복되는 내용을 삭제하고 문장을 연결하여 요약하면 "짝짓기를 하지 않고 번식할 수 있는 동물이 있다. 짚신벌레는 자신의 몸을 둘로 나누어 번식하고, ❶(　　　　　　　　　　　　　　　)."입니다.

Day 05

대표 문제 ②

1 옛날에는 여름이 되면 봉숭아 꽃잎을 따서 손톱에 예쁘게 물을 들였습니다. 봉숭아 물을 들이는 방법을 알아봐요. (핵심어)

2 먼저 봉숭아 꽃잎과 잎을 따서 그늘에 말립니다. (중심 문장 – 순서 ①) 봉숭아 물을 들일 때 잎을 넣으면 더 진하게 물들일 수 있습니다. 봉숭아 꽃잎과 잎을 그늘에서 말리는 것도 같은 이유 때문입니다.

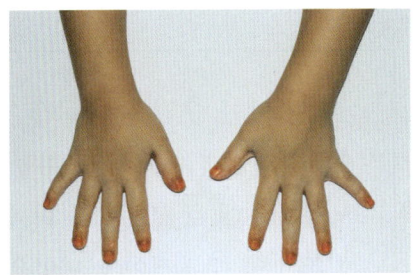
▲ 봉숭아 물을 들인 모습

3 두 번째, 잘 마른 봉숭아 꽃잎과 잎을 소금과 함께 곱게 빻아 줍니다. (중심 문장 – 순서 ②) 소금도 봉숭아 물이 더 진하게 들게 해 줍니다.

4 세 번째, 빻아 놓은 것을 손톱 위에 올리고 비닐로 물이 새지 않게 감싼 뒤 실로 꽁꽁 묶어 줍니다. (중심 문장 – 순서 ③) 봉숭아 물이 잘 들려면 충분한 시간이 필요하므로 그대로 둔 채 하룻밤을 보내는 것이 좋습니다.

5 네 번째, 다음 날 아침에 일어나서 손가락을 감쌌던 것을 풀고 손을 깨끗이 씻습니다. (중심 문장 – 순서 ④) 그러면 봉숭아 물이 예쁘게 들어 있을 것입니다.

→ 이 글은 '봉숭아 물을 들이는 방법'을 쓴 글입니다. **1** 문단에서 핵심어를 찾고, **2**~**5** 문단의 중심 문장을 찾아 틀에 정리하면 다음과 같습니다.

봉숭아 물을 들이는 방법

| 봉숭아 꽃잎과 잎을 따서 그늘에 말리기 | → | 잘 마른 봉숭아 꽃잎과 잎을 소금과 함께 곱게 빻기 | → | 빻아 놓은 것을 손톱 위에 올리고 비닐로 감싼 뒤 실로 묶기 | → | 다음 날 아침, 손가락을 감쌌던 것을 풀고 깨끗이 씻기 |

→ 정리한 내용을 연결하여 요약하면 "봉숭아 물을 들이려면 먼저 봉숭아 꽃잎과 잎을 따서 그늘에 말립니다. 그리고 ❷( ). 다음 날 아침, 손가락을 감쌌던 것을 풀고 깨끗이 씻습니다."입니다.

연습 문제

✱ 틀에 정리한 내용을 바탕으로 글의 내용을 요약하려고 해요. 빈칸에 알맞은 말을 쓰세요.

1

세계에는 수많은 종교가 있습니다. 그중에서 특히 전 세계적으로 신자가 많은 종교 세 가지를 '세계 3대 종교'라고 부릅니다.

세계 3대 종교 중 첫 번째는 기독교입니다. 기독교는 하나님과 예수님을 믿는 종교입니다. 기독교의 대표적인 기념일은 크리스마스입니다. 예수가 태어난 날을 축하하는 날로, 12월 25일입니다. 크리스마스가 되면 사람들은 예수 탄생의 기쁨을 나누기 위해 서로 선물을 주고받기도 합니다.

두 번째는 불교입니다. 불교는 부처님, 즉 석가모니를 믿는 종교입니다. 불교의 대표적인 기념일은 부처님 오신 날입니다. 석가모니가 태어난 날을 기념하는 날로, 음력 4월 8일입니다. 부처님 오신 날은 '석가 탄신일'이라고도 합니다. 부처님 오신 날에는 사람들의 소원을 담은 연등을 매달기도 합니다.

세 번째는 이슬람교입니다. 이슬람교는 알라를 믿는 종교입니다. 이슬람교의 대표적인 기념일은 라마단으로, 이슬람 달력으로 아홉 번째 달입니다. 라마단 기간 중에는 약 한 달 동안 해가 뜰 때부터 질 때까지 음식을 먹지 않습니다.

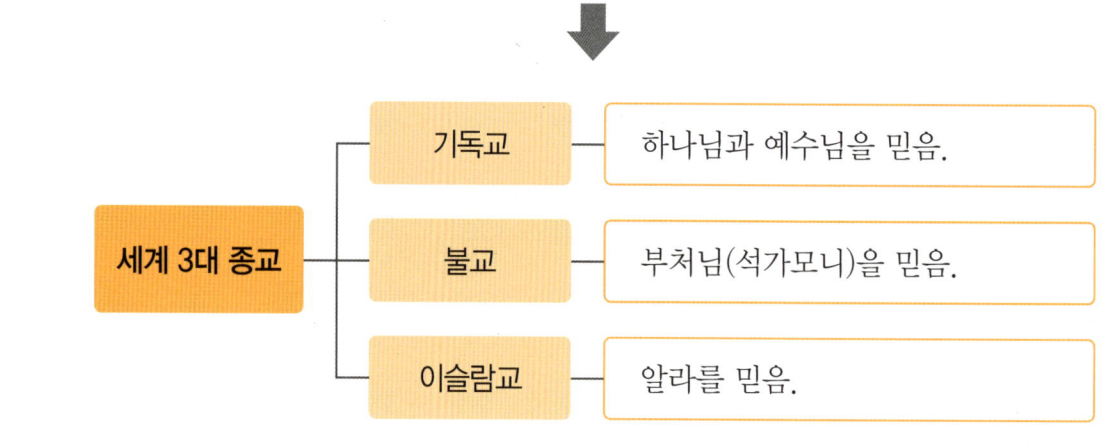

요약하기

세계 3대 종교에는 하나님과 예수님을 믿는 기독교, _____
_____.

2

아마 모기에 한 번도 물려 보지 않은 친구는 없을 거예요. 모기는 알을 낳기 위한 영양분을 얻기 위해서 우리를 뭅니다. 우리의 피를 빨아들여 영양분을 보충하는 것입니다. 모기가 우리의 피를 빨 수 있는 것은 주사기처럼 생긴 바늘을 여섯 개나 가지고 있기 때문입니다. 그런데 이 바늘을 한꺼번에 꽂는 것은 아닙니다. 모기가 우리를 무는 과정을 살펴봅시다.

가장 먼저 '타액관'이라는 바늘을 피부에 꽂고 피부를 마취시키는 물질을 넣습니다. 우리가 모기에게 물리고 있다는 것을 눈치채지 못하게 마취를 하는 것입니다. 이것으로 피가 굳는 것을 막을 수도 있습니다. 피가 굳지 않아야 모기가 피를 빨아들일 수 있습니다.

다음은 '톱날침' 한 쌍과 '바늘침' 한 쌍을 이용해서 피부에 구멍을 냅니다. 이미 부분적으로 마취를 했지만, 예민한 사람은 이때 따끔한 느낌이 들기도 합니다.

피부에 구멍을 내는 것을 성공한 뒤에는 '흡혈관'이라는 바늘을 꽂아 본격적으로 피를 빨아들입니다. 모기의 몸무게는 2밀리그램 정도인데, 모기가 한 번에 빠는 피의 양은 자기 몸무게의 두 배 정도입니다.

모기가 무는 과정

타액관을 피부에 꽂고 피부를 마취시키는 물질을 넣음.

톱날침 한 쌍과 바늘침 한 쌍을 이용해서 피부에 구멍을 냄.

흡혈관을 꽂아 본격적으로 피를 빨아들임.

 요약하기

모기가 무는 과정은 다음과 같습니다. 먼저 타액관을 피부에 꽂고 피부를 마취시키는 물질을 넣습니다. 그리고 _____
_____, 흡혈관을 꽂아 본격적으로 피를 빨아들입니다.

연습 문제

3

　음력 8월 15일은 우리나라의 최대 명절인 추석입니다. 중국은 음력 8월 15일이 중추절입니다. 중추절도 우리나라의 추석처럼 중국의 주요 명절입니다. 이렇게 우리나라의 추석과 중국의 중추절은 같은 점이 있지만, 다른 점도 있습니다.

　먼저 음식이 다릅니다. 우리나라는 추석에 송편을 먹지만, 중국은 중추절에 월병을 먹습니다. 송편은 쌀가루를 반죽해 콩이나 팥, 깨 등을 넣고 빚은 뒤 솔잎을 깔고 찐 떡입니다. 월병은 밀가루를 반죽해 팥이나 과일, 고기, 대추 등을 넣고 둥근 달 모양으로 구워 낸 과자입니다.

　두 번째, 제사를 지내는 대상이 다릅니다. 우리나라는 추석에 조상에게 제사를 지내지만, 중국은 중추절에 달을 향해 제사를 지냅니다. 옛날 중국에서는 중추절에 제사를 지낼 때 달빛이 비치는 마당에 제사상을 차렸다고 합니다.

　세 번째, 놀이가 다릅니다. 우리나라는 추석에 씨름, 강강술래, 줄다리기 등의 놀이를 하지만, 중국은 중추절에 등놀이나 달맞이 등의 놀이를 합니다.

		우리나라의 추석	중국의 중추절
같은 점		• 음력 8월 15일임. • 각 나라의 주요 명절임.	
다른 점	음식	• 송편을 먹음.	• 월병을 먹음.
	제사를 지내는 대상	• 조상에게 제사를 지냄.	• 달을 향해 제사를 지냄.
	놀이	• 씨름, 강강술래, 줄다리기 등을 함.	• 등놀이나 달맞이 등을 함.

▲ 요약하기

　우리나라의 추석과 중국의 중추절은 _____, 각 나라의 주요 명절이라는 점이 같습니다. 그러나 음식, _____은/는 다릅니다.

4

　환경에 대한 사람들의 관심이 높아지고 있지만, 환경 오염은 점점 심각해지고 있다. 환경 오염을 막기 위해 우리가 할 수 있는 일을 알아보자.

　첫째, 플라스틱 사용을 줄인다. 플라스틱 용기 대신 유리 용기를 사용하고, 합성 섬유로 만든 옷보다 천연 소재로 만든 옷을 입는다. 합성 섬유로 만든 옷은 세탁할 때마다 미세 플라스틱을 배출하므로 면이나 마와 같은 천연 소재로 만든 옷을 입는 것이 좋다.

　둘째, 일회용품 사용을 줄인다. 종이컵보다 텀블러를 사용하고, 미세 플라스틱의 원인이 되는 물티슈 대신 행주나 걸레를 사용한다.

　셋째, 온실가스 배출량을 줄인다. 온실가스는 지구 온난화를 일으키는데, 지구 온난화로 인한 기후 변화는 지구의 생태계를 망가뜨린다. 자가용보다는 대중교통을 이용하고, 에어컨이나 난방기 사용을 줄이는 것이 좋다.

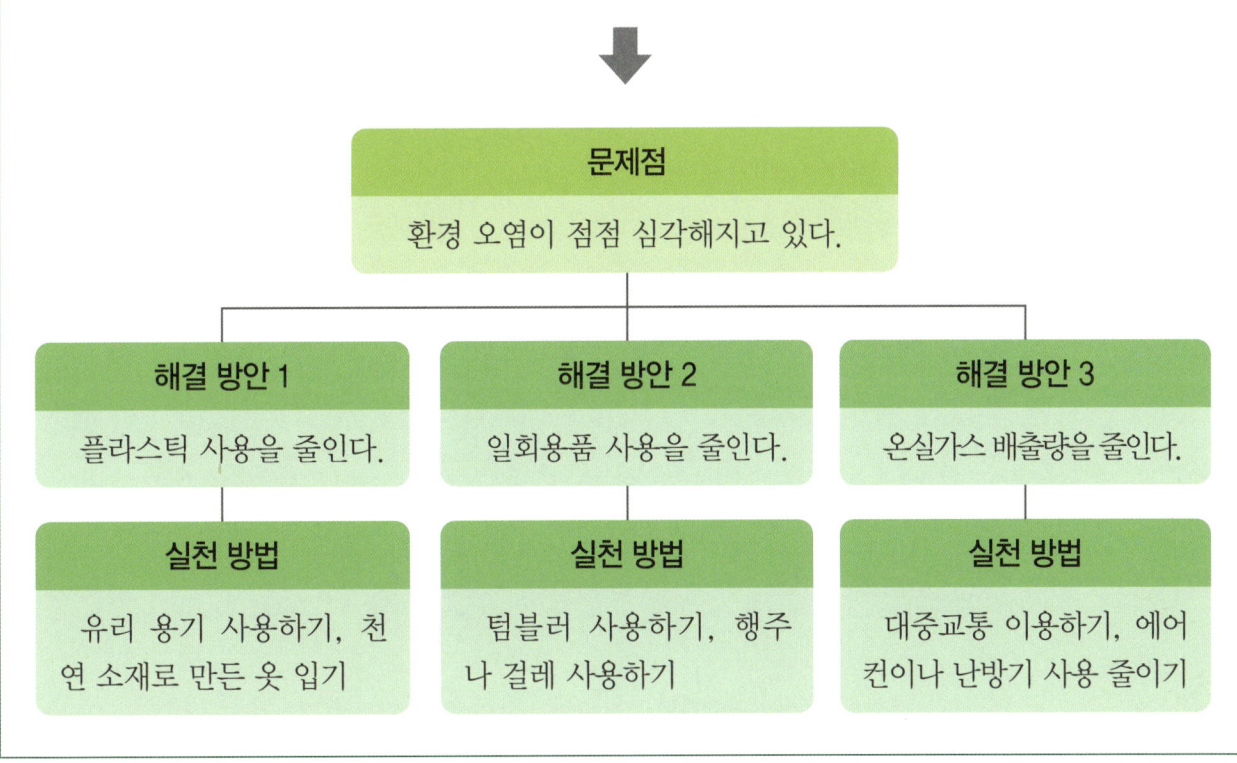

요약하기

환경 오염이 점점 심각해지고 있다. 환경 오염을 막으려면 _____
_____. 또 온실가스 배출량도 줄여야 한다.

실전 요약 기술 적용

실전 파트에 무사히 도착한 친구들을 환영합니다. 실전 파트에서는 앞에서 배운 요약 기술을 긴 글에 적용해 봅니다. 다양한 종류의 글을 만날 수 있습니다. 4단계 요약 기술 단계에 맞춰 글을 읽고 스스로 요약을 한 후에는 독해 정복 문제를 풀어 봅니다. 글의 내용을 요약하며 읽으면 독해 문제가 쉬워지는 것을 경험할 수 있을 거예요. 이제, 마지막 관문인 실전 파트로 들어가 볼까요?

알아 두기

1. 실전 지문은 핵심어를 찾고, 각 문단의 중심 문장을 정리하며 읽으세요.
2. **중심 문장** 은 문단의 중심 문장이 간결하지 않기 때문에 다른 말로 재구성하여 중심 내용을 정리하라는 표시입니다. 중심 문장에서 중요하지 않은 내용을 삭제하여 정리하세요.

학습 계획표

	학습 내용		날짜	확인
01	고장의 지명으로 무엇을 알 수 있을까요?	사회	Day 06	/
02	등산로 살리기		Day 07	/
03	지구와 달	과학	Day 08	/
04	곱셈의 기본, 곱셈구구	수학	Day 09	/
05	숲속 동물들에게 도토리를 양보하자		Day 10	/
06	전화기의 변화	사회	Day 11	/
07	동물에게서 배운 과학 기술	과학	Day 12	/
08	태권도와 가라테		Day 13	/
09	소아 비만을 예방하자		Day 14	/
10	수채화의 모든 것	미술	Day 15	/
11	닮은 듯 다른 물개와 물범		Day 16	/
12	국어사전에서 낱말의 뜻을 찾아요	국어	Day 17	/
13	음악은 무엇으로 이루어져 있을까?	음악	Day 18	/
14	우주 쓰레기, 어떻게 해야 할까?		Day 19	/
15	전 세계가 함께 보호해야 할 인류의 재산	사회	Day 20	/
16	유서 깊은 장소에서 행사를 열어도 될까?		Day 21	/
17	태극기를 바르게 달아요	도덕	Day 22	/
18	농민의 생계를 위협하는 쌀 소비량 감소		Day 23	/
19	옛날과 오늘날의 세시 풍속	사회	Day 24	/
20	잠자리의 한살이	과학	Day 25	/
21	스피드 스케이팅과 쇼트 트랙	체육	Day 26	/
22	책은 어떻게 만들어질까요?		Day 27	/
23	모두를 위한 저축		Day 28	/
24	염화칼슘의 변신	과학	Day 29	/
25	다문화 가족을 포용하자	사회	Day 30	/

사회 01

고장의 지명으로 무엇을 알 수 있을까요?

중심 문장은 중요하지 않은 내용을 삭제해서 문단의 중심 내용을 정리하라는 표시입니다.

1 마을이나 고장, 산과 하천 등에 붙인 이름을 '지명'이라고 합니다. 예로부터 고장의 지명은 그 고장의 특징적인 모습을 따서 짓는 경우가 많았습니다. 그래서 고장의 지명은 그 고장에 대해 알 수 있는 자료가 됩니다.

중심 문장 고장의 지명은 그 고장에 대해 알 수 있는 (　　　　　　)가 됩니다.

2 고장의 지명으로 자연환경을 알 수 있습니다. 경기도 양평군에 있는 두물머리는 남한강과 북한강이 만나는 곳이어서 붙여진 이름으로, 두 물줄기가 만난다는 것을 알 수 있습니다. 또 경상북도 포항시에 있는 호미곶은 한반도를 호랑이에 빗대었을 때, 호랑이의 꼬리에 해당한다고 해서 '호미곶(虎 범 호 尾 꼬리 미 串 곶 곶)'이라는 이름이 붙여졌습니다. 이것으로 육지가 뾰족하게 바다를 향해 튀어나와 있다는 것을 알 수 있습니다.

▲ 남한강과 북한강이 만나는 두물머리

중심 문장 고장의 지명으로 (　　　　　　)을 알 수 있습니다.

3 고장의 지명으로 사람들의 생활 모습도 알 수 있습니다. 서울특별시 서초구에 있는 말죽거리는 제주도에서 보낸 말을 한양으로 보내기 전에 말죽을 쑤어 먹였다는 데서 붙여진 이름으로, 그곳에서 말에게 죽을 쑤어 먹였다는 것을 알 수 있습니다. 또 서울특별시 강서구에 있는 염창동(鹽 소금 염 倉 곳집 창 洞 골 동)은 조선 시대에 서해안의 염전에서 생산한 소금을 한양으로 운반하기 전에 보관을 위해 창고를 지었던 데서 붙여진 이름입니다. 이것으로 소금 보관 창고가 있었다는 것을 알 수 있습니다.

중심 문장 고장의 지명으로 (　　　　　　)도 알 수 있습니다.

4 이처럼 고장의 지명을 알면 고장의 특성을 이해하는 데 도움이 됩니다. 내가 사는 고장의 지명을 관심을 갖고 살펴보는 것은 어떨까요?

중심 문장 고장의 지명을 알면 (　　　　　　)을 이해하는 데 도움이 됩니다.

어휘 뜻

*한반도: 우리나라 국토를 지형적으로 이르는 말.
*곶: 바다 쪽으로, 부리 모양으로 뾰족하게 뻗은 육지.
*한양: '서울'의 옛 이름.
*말죽: 콩 따위를 섞어 묽게 쑤어 만든 말의 먹이.
*염전: 소금을 만들기 위해 바닷물을 끌어 들여 논처럼 만든 곳.

---

1 빈칸에 알맞은 말을 넣어 이 글의 핵심어를 완성하세요.

(　　　　　　)(으)로 알 수 있는 것

2 이 글의 짜임에 맞게 주요 내용을 정리하세요.

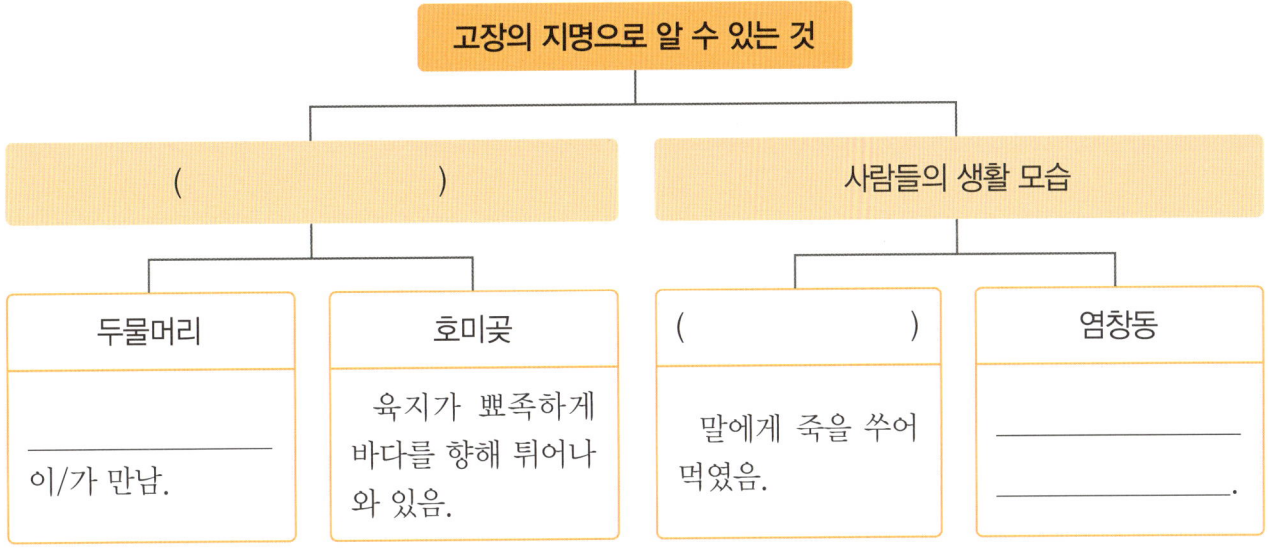

3 앞에서 정리한 내용을 바탕으로 이 글의 내용을 요약해 쓰세요.

고장의 지명으로 _____을/를 알 수 있습니다.

 독해 정복!

4 이 글의 내용으로 알맞은 것을 고르세요. (   )

① 고장의 지명을 통해 고장의 특성을 알 수 있다.
② 옛날 사람들은 고장의 지명을 짓기 위해 여러 가지 자료를 참고했다.
③ '호미곶'과 '말죽거리'는 고장의 자연환경을 알 수 있게 해 주는 지명이다.
④ '두물머리'와 '염창동'은 고장 사람들의 생활 모습을 알 수 있게 해 주는 지명이다.

5 다음 예가 들어가기에 알맞은 문단의 번호를 쓰세요.

경상남도 밀양시에 있는 '얼음골'은 더운 여름에도 바위틈에 얼음이 얼어서 붙여진 이름이다.

(   )

02

중심 문장 은 중요하지 않은 내용을 삭제해서 문단의 중심 내용을 정리하라는 표시입니다.

등산로 살리기

1 최근 산을 찾는 사람들이 많아진 데다가 정해진 등산로가 아닌 곳으로 다니는 등산객도 늘고 있다. 그러면서 등산로의 흙이 깎여 돌이나 나무의 뿌리가 드러나고 등산로가 넓어지는 등 등산로가 훼손되고 있다. 등산로가 훼손되면 등산객이 사고를 당할 수 있고, *산사태의 위험성도 높아진다. 등산로가 훼손되는 문제를 해결할 수 있는 방법을 알아보자.

중심 문장 (   )를 해결할 수 있는 방법을 알아보자.

2 첫 번째, 뿌리가 드러난 나무에 흙을 덮어 준다. 나무의 뿌리가 드러나면 등산객이 그 뿌리에 걸려 넘어질 수 있다. 또 나무가 건강하게 살 수 없고, 뿌리가 힘을 잃어서 산사태가 날 수도 있다. 뿌리가 드러난 나무를 살리기 위해서는 흙을 덮어 주어야 한다. 이미 몇몇 지역에서는 뿌리가 드러난 나무를 찾아 흙을 덮어 주는 행사를 진행하고 있는데, 전국적으로 확대할 필요가 있다.

중심 문장 첫 번째, (   )에 흙을 덮어 준다.

3 두 번째, 등산로에 안내도와 팻말, 시시 티브이(CCTV) 등을 설치한다. 등산로를 자세히 알려 주는 안내도나 등산로가 아닌 곳에 출입을 금지하는 팻말 등을 설치하는 것이 좋다. 특별히 더 보존해야 할 가치가 있는 국립 공원에는 시시 티브이를 설치하여 관리하는 것도 필요하다.

중심 문장 두 번째, 등산로에 (   ), 시시 티브이(CCTV) 등을 설치한다.

4 세 번째, 등산로의 전부 또는 일부를 지정해 자연 휴식년제를 *시행한다. 자연 휴식년제는 자연을 보전하기 위해 훼손될 수 있는 지역을 정해 일정 기간 사람이 출입하지 못하게 하는 제도이다. 일정 기간 동안 사람이 다니지 않으면 나무나 풀에 회복할 시간을 줄 수 있고, 등산로가 훼손되는 속도를 늦추는 데에도 도움이 된다.

중심 문장 세 번째, 등산로의 전부 또는 일부를 지정해 (   )를 시행한다.

어휘 뜻
*산사태: 폭우나 지진, 화산 따위로 산 중턱의 바윗돌이나 흙이 갑자기 무너져 내리는 현상.
*시행하다: 실제로 행하다.

1 빈칸에 알맞은 말을 넣어 이 글의 핵심어를 완성하세요.

(   )을/를 해결하는 방법

2 이 글의 짜임에 맞게 주요 내용을 정리하세요.

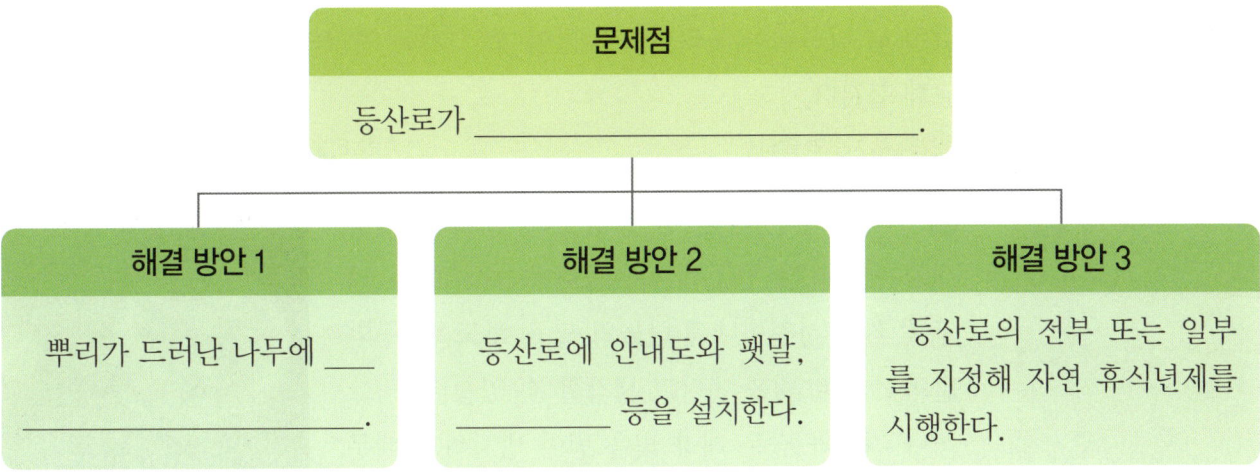

3 앞에서 정리한 내용을 바탕으로 이 글의 내용을 요약해 쓰세요.

> 등산로가 훼손되고 있다. 이를 해결하려면 _____
> _____, 등산로에 안내도와 팻말, 시시 티브이 등을 설치해야 한다. 또 _____
> _____.

 독해 정복!

4 글쓴이가 이 글을 쓴 까닭으로 알맞은 것을 고르세요. (   )

① 등산로가 만들어지는 과정을 설명하기 위해서
② 등산로가 훼손되는 과정을 자세히 설명하기 위해서
③ 등산로를 살리기 위해 노력하는 사람들의 이야기를 알리기 위해서
④ 등산로가 훼손되고 있는 문제 상황을 알리고 해결 방안을 설명하기 위해서

5 이 글의 내용을 바르게 이해한 친구를 찾아 ○표 하세요.

(1) 수영: 모든 국립 공원은 등산객의 출입을 막아야 하는구나. (   )
(2) 재민: 뿌리가 드러난 나무를 뽑고, 그 자리에 새 나무를 심어야 하는구나. (   )
(3) 현경: 자연 휴식년제를 시행해서 등산로가 훼손되는 속도를 늦춰야 하는구나. (   )

과학 03

중심 문장 은 중요하지 않은 내용을 삭제해서 문단의 중심 내용을 정리하라는 표시입니다.

지구와 달

1 지구는 우리가 살고 있는 *천체입니다. 지구와 가장 가까운 천체는 달이지요. 맑은 날 밤하늘을 올려다보면 달이 보입니다. 지구와 달의 공통점과 차이점을 비교해 봅시다.

중심 문장 지구와 달의 (   )을 비교해 봅시다.

2 지구와 달은 둥근 공 모양이고, 스스로 빛을 내지 못한다는 공통점이 있습니다. 우주에서 지구를 찍은 사진이나 밤하늘의 달을 보고, 지구와 달이 스스로 빛을 낸다고 생각할 수 있습니다. 그러나 지구와 달은 태양 빛을 받아 *반사하기 때문에 빛나는 것처럼 보이는 것입니다. 달의 모양이 바뀌어 보이는 것도 우리가 태양 빛을 받은 부분만 보기 때문입니다.

▲ 지구와 달

중심 문장 지구와 달은 (   )이고, 스스로 빛을 내지 못한다는 공통점이 있습니다.

3 지구와 달은 차이점도 있습니다. 지구는 태양의 주위를 도는 행성이지만, 달은 지구의 주위를 도는 위성입니다. 행성은 중심 별이 강하게 끌어당기는 힘 때문에 중심 별의 주위를 도는 천체이고, 위성은 행성이 강하게 끌어당기는 힘 때문에 행성의 주위를 도는 천체입니다. 지구는 태양의 주위를 돌고, 지구가 태양의 주위를 도는 동안 달도 지구의 주위를 돕니다.

중심 문장 지구는 (   )이지만, 달은 지구의 주위를 도는 위성입니다.

4 지구에는 물과 공기가 있지만, 달에는 물과 공기가 없다는 점도 다릅니다. 지구에는 물과 공기가 있기 때문에 생물이 살지만, 달에는 생물이 살지 않습니다. 그리고 지구는 공기가 있어서 하늘이 파랗게 보이지만, 달은 하늘이 까맣게 보입니다. 태양 빛이 지구에 올 때 공기나 먼지에 부딪쳐 여러 방향으로 퍼지는데, 이때 파란색이 많이 퍼집니다. 그래서 공기가 있는 지구의 하늘은 파랗게 보이고, 공기가 없는 달은 태양 빛이 그대로 오기 때문에 하늘이 까맣게 보이는 것입니다.

중심 문장 지구에는 (   ), 달에는 물과 공기가 없다는 점도 다릅니다.

어휘 뜻
*천체: 우주에 존재하는 모든 물체.
*반사하다: 빛이나 전파 등이 다른 물체의 표면에 부딪쳐서 나아가던 방향을 반대 방향으로 바꾸다.

1 빈칸에 알맞은 말을 넣어 이 글의 핵심어를 완성하세요.

(   )의 공통점과 차이점

2 이 글의 짜임에 맞게 주요 내용을 정리하세요.

지구
- 태양의 주위를 도는 행성임.
- 물과 공기가 있음.
  - _____.
  - 하늘이 파랗게 보임.

- 둥근 공 모양임.
- _____.

달
- _____.
- 물과 공기가 없음.
  - 생물이 살지 않음.
  - _____.

3 앞에서 정리한 내용을 바탕으로 이 글의 내용을 요약해 쓰세요.

지구와 달은 _____(이)고, 스스로 빛을 내지 못한다는 공통점이 있습니다.
그러나 _____,
달은 지구의 주위를 도는 위성이고 물과 공기가 없다는 차이점이 있습니다.

 독해 정복!

4 지구와 달의 차이점을 설명한 문단을 모두 고르세요. (,   )

① 1문단   ② 2문단   ③ 3문단   ④ 4문단

5 다음 내용이 지구에 해당하면 '지', 달에 해당하면 '달', 공통으로 해당하면 '공'이라고 쓰세요.

(1) 공기가 없어서 하늘이 까맣게 보인다. (   )

(2) 생물이 살 수 있는 조건 중 하나인 물이 있다. (   )

(3) 태양이 끌어당기는 힘 때문에 태양의 주위를 도는 행성이다. (   )

(4) 스스로 빛을 내지 못하지만 태양 빛을 받아 반사하기 때문에 빛나는 것처럼 보인다. (   )

수학 04

+ 중심 문장 은 중요하지 않은 내용을 삭제해서 문단의 중심 내용을 정리하라는 표시입니다.

어휘 뜻
*기원전: 예수가 태어난 해를 기준으로 한 달력에서 기준 연도의 이전.
*목간: 종이가 발명되기 전 기록을 위해 사용하던 나무판.
*전파하다: 전하여 널리 퍼뜨리다.
*증명되다: 어떤 사항이나 판단 따위에 대해 그것이 진실인지 아닌지 증거가 들어져서 밝혀지다.

곱셈의 기본, 곱셈구구

1 곱셈구구는 1부터 9까지의 수를 두 수끼리 서로 곱하여 그 값을 나타낸 것입니다. 곱셈에 쓰는 기초 공식으로, '구구법' 또는 '구구단'이라고도 합니다. 우리나라는 보통 2의 단부터 9의 단까지 외웁니다.

중심 문장 (　　　　　　　　　)는 1부터 9까지의 수를 두 수끼리 서로 곱하여 그 값을 나타낸 것입니다.

2 곱셈구구는 중국에서 만들어진 것으로, 역사가 오래되었습니다. 대부분의 역사학자들은 곱셈구구가 중국에서 처음 만들어졌다고 말합니다. 기원전 3세기경 중국의 리야 유적에서 곱셈구구가 적힌 *목간 표가 발견되었고, 『관자』나 『순자』와 같은 중국의 오래된 책에 곱셈구구를 외우는 방법이 소개되어 있기 때문입니다.

중심 문장 곱셈구구는 중국에서 만들어진 것으로, (　　　　　　　　　　　　　　　).

3 일본은 한때 곱셈구구가 중국에서 일본을 거쳐 우리나라로 전해졌다고 주장했습니다. 자신들이 8세기경 곱셈구구를 받아들였고, 일제 강점기 때 우리나라에 *전파했다는 것입니다. 그러나 2016년 우리나라 백제 유적지에서 곱셈구구가 적힌 목간 표가 발견되었습니다. 이 목간 표는 6~7세기경 만들어진 것입니다. 이것으로 일본의 주장이 틀렸다는 것이 *증명되었습니다. 곱셈구구는 일본을 거쳐 우리나라로 전해진 것이 아니라 중국에서 우리나라를 거쳐 일본으로 전해졌습니다.

+ 중심 문장 곱셈구구는 (　　　　　　　　　) 일본으로 전해졌습니다.

4 곱셈을 쉽게 하기 위해 오랜 세월 동안 사용해 왔던 곱셈구구는 규칙을 알면 더 쉽게 외울 수 있습니다. 곱셈구구의 규칙은 '▲의 단 곱셈구구는 ▲씩 커진다'는 것입니다. 1에 어떤 수를 곱하면 항상 어떤 수 자신이 되므로 1의 단 곱셈구구는 1, 2, 3, 4, ……로 1씩 커집니다. 2의 단 곱셈구구는 2, 4, 6, 8, ……로 2씩 커지고, 3의 단 곱셈구구는 3, 6, 9, 12, ……로 3씩 커집니다.

중심 문장 곱셈구구의 규칙은 ▲의 단 곱셈구구는 (　　　　　　　)는 것입니다.

1 이 글의 핵심어를 쓰세요.

(　　　　　　　　　)

2 이 글의 짜임에 맞게 주요 내용을 정리하세요.

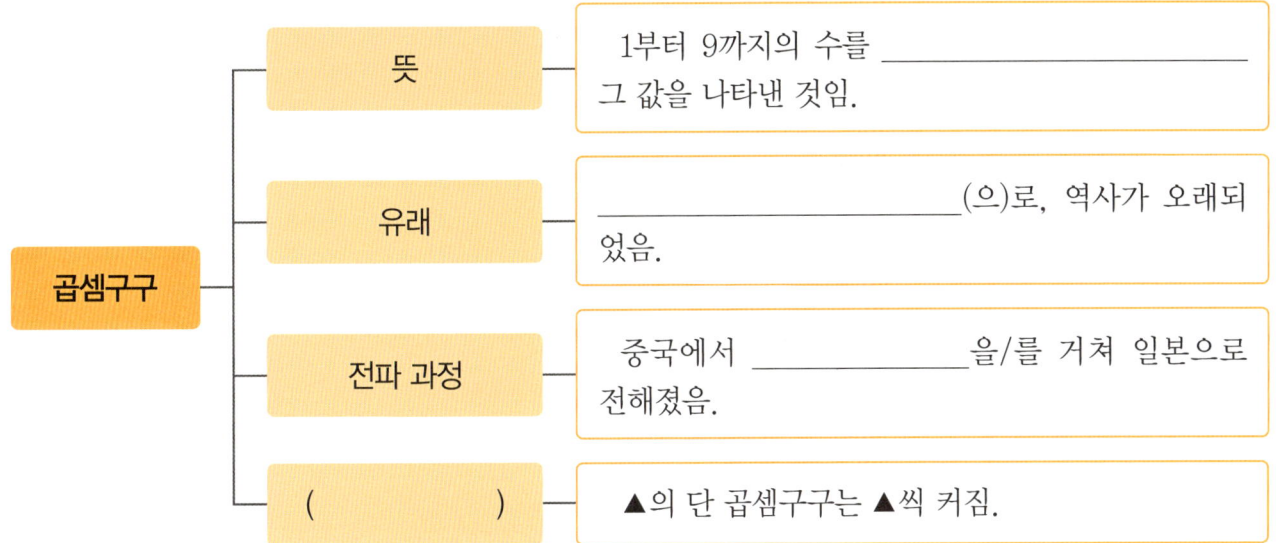

3 앞에서 정리한 내용을 바탕으로 이 글의 내용을 요약해 쓰세요.

> 곱셈구구는 1부터 9까지의 수를 두 수끼리 서로 곱하여 그 값을 나타낸 것입니다. 중국에서 만들어진 것으로 역사가 오래되었고, 중국에서 우리나라를 거쳐 _____. 곱셈구구의 규칙은 _____.

독해 정복!

4 1~4문단의 중심 내용으로 알맞은 것을 고르세요. ( )

① 1문단: 곱셈구구의 규칙
② 2문단: 곱셈구구의 유래
③ 3문단: 곱셈구구의 발전 과정
④ 4문단: 곱셈구구를 활용하는 방법

5 곱셈구구에 대한 설명으로 알맞은 것을 찾아 ○표 하세요.

(1) 곱셈구구는 8세기경 일본에서 처음 만들어졌다. ( )
(2) 곱셈구구는 '구구단' 또는 '구구법'이라고도 불린다. ( )
(3) 곱셈구구는 일제 강점기 때 일본에서 우리나라로 전파되었다. ( )

05

중심 문장은 중요하지 않은 내용을 삭제해서 문단의 중심 내용을 정리하라는 표시입니다.

( )

1 서울의 한 대학에는 도토리 *수호대가 있다. 학교 뒷산에 있는 도토리를 주워 보관한 뒤, 동물들의 먹이가 부족한 겨울철에 숲속에 되돌려 놓는 일을 한다. 학교 주변 주민들이 도토리를 *무분별하게 주워 가자, 이를 해결하기 위해 활동을 시작했다. 숲에 떨어진 도토리를 아무나 주워도 된다고 생각하는 것은 잘못이다. 숲에서 도토리를 함부로 주우면 안 된다.

중심 문장 숲에서 ( )를 함부로 주우면 안 된다.

2 그 까닭은 첫째, 도토리는 다람쥐, 청설모, 멧돼지 등과 같은 야생 동물의 겨울철 먹이이기 때문이다. 사람은 도토리 외에도 먹을 것이 많지만, 숲속 동물들에게 도토리는 *생존에 필요한 *주식이다. 사람들이 도토리를 주워 가면 동물들이 겨울을 나는 데 큰 어려움을 겪게 되고, 심한 경우 굶어 죽는 일도 생긴다.

▲ 도토리를 먹는 다람쥐

중심 문장 그 까닭은 첫째, 도토리는 ( )이기 때문이다.

3 둘째, 도토리는 각종 곤충들이 알을 낳는 산란 장소이기 때문이다. 바구미, 거위벌레와 같은 곤충은 도토리에 알을 낳는다. 도토리가 부족해지면 이 곤충들은 안전한 산란 장소를 잃는 것이다.

중심 문장 둘째, 도토리는 ( )이기 때문이다.

4 셋째, 배고픈 야생 동물이 사람들에게 피해를 끼치기 때문이다. 먹이를 구하려고 산에서 내려온 동물이 농작물을 훼손하고, 사람을 다치게 할 수 있다. 실제로 2016년에 멧돼지가 한 대학으로 내려와 학생들이 대피하는 소동이 벌어지기도 했다.

중심 문장 셋째, 배고픈 야생 동물이 사람들에게 ( ).

5 이처럼 도토리를 무분별하게 주우면 생태계에 부정적인 영향을 줄 수 있고, 사람들에게도 피해가 올 수 있다. 숲의 소중한 열매인 도토리를 함부로 줍지 말자.

중심 문장 ( )를 함부로 줍지 말자.

어휘 뜻

- ***수호대:** 어떤 대상을 지키고 보호하기 위한 단체.
- ***무분별하다:** 옳은지 그른지 헤아리지 않다.
- ***생존:** 살아 있음. 또는 살아남음.
- ***주식:** 밥이나 빵과 같이 끼니에 주가 되는 음식.

---

1 빈칸에 알맞은 말을 넣어 이 글의 핵심어를 완성하세요.

숲에서 ( )을/를 함부로 줍는 문제

2 이 글의 짜임에 맞게 주요 내용을 정리하세요.

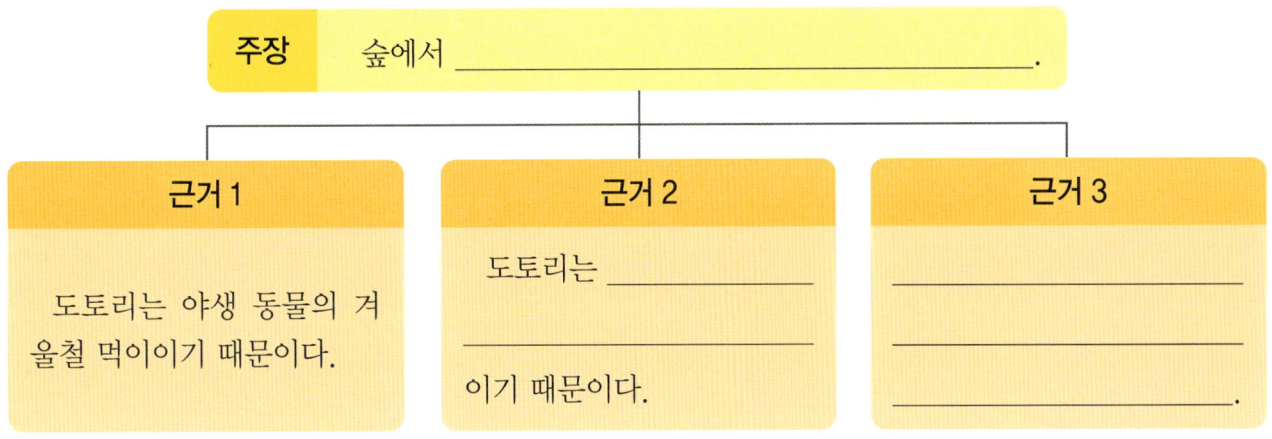

| 주장 | 숲에서 _____. |

근거 1	근거 2	근거 3
도토리는 야생 동물의 겨울철 먹이이기 때문이다.	도토리는 _____ _____ 이기 때문이다.	_____ _____ _____ _____.

3 앞에서 정리한 내용을 바탕으로 이 글의 내용을 요약해 쓰세요.

숲에서 도토리를 함부로 주우면 안 된다. 왜냐하면 _____ _____, 각종 곤충들의 산란 장소이기 때문이다. 또 _____ _____.

독해 정복!

4 이 글의 제목으로 알맞은 것을 고르세요. (　　　)

① 도토리 수호대
② 도토리를 먹는 야생 동물
③ 도토리로 어떤 요리를 만들까?
④ 숲속 동물들에게 도토리를 양보하자

5 이 글에 추가할 수 있는 근거로 알맞은 것을 고르세요. (　　　)

① 도토리묵을 만드는 일은 어렵지 않기 때문이다.
② 도토리는 칼로리가 낮아 체중 감소에 도움이 되기 때문이다.
③ 숲에서 도토리를 줍는 것은 법으로 금지하고 있기 때문이다.
④ 도토리는 9~12월에 산에 가면 볼 수 있는 열매이기 때문이다.

사회 06

전화기의 변화

1 전화기는 오늘날 사람들이 많이 사용하는 *통신 수단입니다. 전화기가 생겨나면서 사람들은 직접 만나지 않고도 말로 소식을 주고받을 수 있게 되었습니다. 오늘날 우리가 이용하는 전화기는 많은 변화를 거쳐 현재의 모습을 갖게 되었습니다. 전화기의 발전 과정을 알아봅시다.

중심 문장 (   )을 알아봅시다.

2 초기의 전화기는 수동식 전화기였습니다. *핸들을 돌려 전화를 거는 방식으로, 전화번호를 누르는 버튼이 없고 전화기의 크기가 컸습니다. 그 당시에는 전화기가 있어도 상대방에게 직접 전화를 걸 수 없었습니다. 전화국에 전화를 걸어 *교환원에게 전화번호를 말하고 기다려야 통화를 할 수 있었습니다.

중심 문장 초기의 전화기는 (   )였습니다.

3 두 번째로 나온 전화기는 자동식 전화기였습니다. *다이얼을 돌리는 방식으로, 숫자가 적힌 곳에 손가락을 넣고 오른쪽으로 돌렸다 놓으면서 전화를 걸었습니다.

중심 문장 두 번째로 나온 전화기는 (   )였습니다.

▲ 자동식 전화기

4 세 번째로 나온 전화기는 전자식 전화기였습니다. 버튼을 누르는 방식으로, 전화기 버튼에 표시된 숫자를 눌러 전화를 걸었습니다. 이때까지의 전화기는 모두 유선 전화이기 때문에 자리를 비우면 전화를 받을 수 없다는 불편함이 있었습니다.

중심 문장 세 번째로 나온 전화기는 (   )였습니다.

5 이후 무선 전화가 본격적으로 개발되어 휴대 전화기를 사용하기 시작했습니다. 초기에는 지금과 같은 다양한 기능을 갖추지 못했고, 전화 통화만 할 수 있었습니다. 점차 발전하여 문자 메시지를 주고받거나 인터넷도 사용할 수 있게 되었고, 지금처럼 휴대 전화기로 다양한 일을 할 수 있게 되었습니다.

중심 문장 이후 (   )가 본격적으로 개발되어 휴대 전화기를 사용하기 시작했습니다.

어휘 뜻

*통신 수단: 전화나 우편처럼 각종 형태의 통신을 전하는 데 이용하는 수단.

*핸들: 기계나 자동차, 배 따위를 운전하거나 작동하는 손잡이.

*교환원: 전화 교환의 일을 맡아보는 사람.

*다이얼: 상대편 번호를 돌리기 위한 전화기의 숫자 회전 장치.

1 빈칸에 알맞은 말을 넣어 이 글의 핵심어를 완성하세요.

(   )의 발전 과정

2 이 글의 짜임에 맞게 주요 내용을 정리하세요.

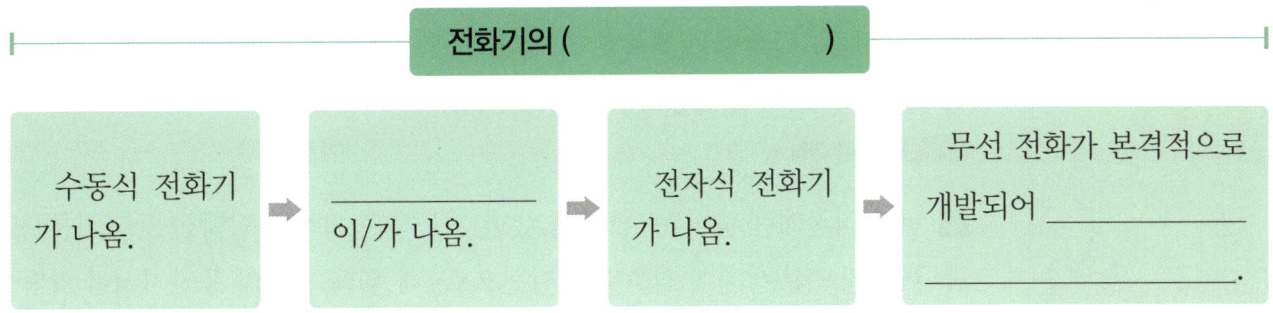

전화기의 (　　　　　　　　)

| 수동식 전화기가 나옴. | → | _____이/가 나옴. | → | 전자식 전화기가 나옴. | → | 무선 전화가 본격적으로 개발되어 _____. |

3 앞에서 정리한 내용을 바탕으로 이 글의 내용을 요약해 쓰세요.

전화기는 _____의 순서대로 발전했고, 이후 _____ 휴대 전화기를 사용하기 시작했습니다.

 독해 정복!

4 전화기의 발전 과정에 맞게 차례대로 기호를 쓰세요.

㉮ 휴대 전화기　　　　　　　　㉯ 핸들을 돌리는 수동식 전화기
㉰ 버튼을 누르는 전자식 전화기　㉱ 다이얼을 돌리는 자동식 전화기

(　　　) → (　　　) → (　　　) → (　　　)

5 이 글의 내용으로 알맞은 것을 고르세요. (　　　)

① 전자식 전화기와 휴대 전화기는 무선 전화이다.
② 유선 전화의 개발로 휴대 전화기를 사용할 수 있게 되었다.
③ 휴대 전화기는 개발 초기부터 다양한 기능을 갖추고 있었다.
④ 수동식 전화기를 사용할 당시에는 교환원을 거쳐야 통화를 할 수 있었다.

과학 07

동물에게서 배운 과학 기술

1. 예로부터 과학자들은 새로운 기술을 발명할 때 다양한 곳에서 아이디어를 얻어 왔습니다. 그중에서 빼놓을 수 없는 것이 동물입니다. 그래서 우리 생활 속에는 동물을 *모방하여 활용한 예가 많습니다.

중심 문장 우리 생활 속에는 (　　　　　　　　　　)가 많습니다.

2. 먼저 임진왜란 당시 큰 활약을 했던 거북선은 거북의 딱딱한 등딱지를 모방했습니다. 거북선은 세계 최초의 *철갑선으로, 배 위에 거북의 등딱지처럼 딱딱한 덮개를 씌웠습니다. 그래서 왜적의 화살이나 총의 공격에도 무사했습니다.

중심 문장 (　　　　　　)은 거북의 딱딱한 등딱지를 모방했습니다.

3. 거북의 등딱지를 모방한 것은 또 있습니다. '터틀볼'이라고 하는 골프공은 거북의 등딱지 무늬를 모방했습니다. 거북은 헤엄을 칠 때 등딱지의 무늬 덕분에 물의 *저항을 덜 받습니다. 터틀볼은 거북의 등딱지와 비슷한 줄무늬를 새겨 만든 것입니다. 기존에 사용하던 골프공보다 평평한 부분이 더 많고 공기의 저항을 덜 받아 공을 칠 때의 정확도가 높습니다.

중심 문장 (　　　　　　)은 거북의 등딱지 무늬를 모방했습니다.

4. 바위에 붙어 사는 홍합의 족사를 모방한 수술용 *접착제도 있습니다. 홍합은 아무리 거센 파도가 몰아쳐도 바위에서 떨어지지 않습니다. 그 이유는 '족사'라는 단백질 때문입니다. 족사를 이용해 만든 수술용 접착제는 접착력이 우수하고 흉터 예방에 효과가 있습니다.

▲ 홍합

중심 문장 (　　　　　　)를 모방한 수술용 접착제도 있습니다.

5. 이밖에도 동물을 모방하여 활용한 예는 많습니다. 우리는 동물의 특징을 모방하여 우리의 생활을 편리하게 만들고 있습니다.

중심 문장 우리는 동물의 특징을 모방하여 우리의 생활을 편리하게 만들고 있습니다.

어휘 뜻

*모방하다: 다른 것을 본뜨거나 본받다.
*철갑선: 철판으로 겉을 싸서 만든 전쟁용 배.
*저항: 물체의 운동 방향과 반대 방향으로 작용하는 힘.
*접착제: 두 물체를 서로 붙이는 데 쓰는 물질.

---

1. 빈칸에 알맞은 말을 넣어 이 글의 핵심어를 완성하세요.

동물을 (　　　　　)하여 활용한 예

2 이 글의 짜임에 맞게 주요 내용을 정리하세요.

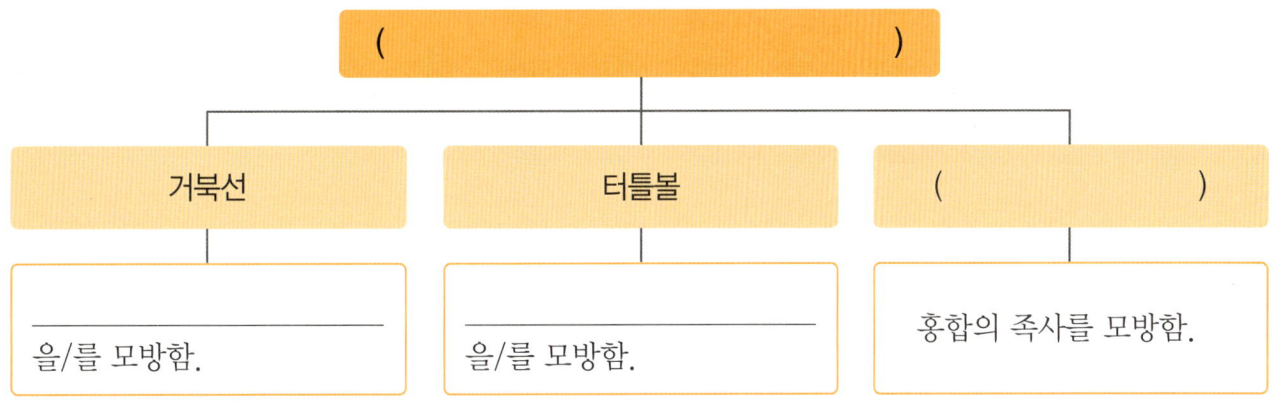

3 앞에서 정리한 내용을 바탕으로 이 글의 내용을 요약해 쓰세요.

> 우리 생활 속에는 _____이/가 많습니다. 거북의 딱딱한 등딱지를 모방한 거북선, 거북의 등딱지 무늬를 모방한 터틀볼, _____ _____ 등이 있습니다.

 독해 정복!

4 이 글의 제목과 바꾸어 쓸 수 있는 것을 고르세요. (   )

① 모방의 어려움
② 동물의 다양한 특징
③ 동물에게서 얻은 아이디어
④ 동물을 모방하는 기술의 발전 과정

5 이 글에 더 넣을 수 있는 예로 알맞은 것을 고르세요. (   )

① 소리를 들을 수 있는 인공 피부가 개발되었다.
② 집게 차는 독수리의 날카로운 발톱을 모방하여 만들었다.
③ 낙하산은 바람에 잘 날아가는 민들레씨를 모방하여 만들었다.
④ 사람들은 다른 사람의 행동을 모방하고 싶어 하는 마음을 가지고 있다.

태권도와 가라테

1 '가라테'가 무엇인지 아나요? 가라테는 일본의 무술로, 태권도와 비슷해 보입니다. 둘 다 무기를 쓰지 않고 신체 각 부위를 이용해 상대방과 겨루기 때문입니다. 이렇게 태권도와 가라테는 공통점이 있지만, 차이점도 있습니다.

중심 문장 태권도와 가라테는 공통점이 있지만, (   ).

2 먼저 보호 *장구가 다릅니다. 태권도는 주먹과 발로 상대방을 때렸을 때 점수를 얻기 때문에 실제로 상대방의 몸을 쳐야 합니다. 그래서 신체를 보호하기 위해 몸통, 머리, 팔다리, 손발 보호대 등의 보호 장구를 갖춥니다. 반면 가라테는 실제로 상대방을 때리지 않고 상대의 몸에 닿기 직전에 공격을 멈추기 때문에 발목 보호대와 글러브 정도의 보호 장구만 갖춥니다.

중심 문장 먼저 (   )가 다릅니다.

3 두 번째로 공격과 수비 방법이 다릅니다. 태권도는 좌우로 움직이고 뒤로 물러서기도 하지만, 가라테는 주로 앞으로 가며 공격하기 때문에 뒤로 물러서지 않습니다. 또 태권도는 피하거나 들이받은 힘을 반대로 이용해 *반격하는 것을 *선호하지만, 가라테는 상대의 공격을 방어 기술로 막거나 *맷집으로 버티는 것을 선호합니다.

중심 문장 두 번째로 (   )이 다릅니다.

4 마지막으로 올림픽 정식 종목으로 채택된 시기가 다릅니다. 태권도는 2000년 시드니 올림픽 때 정식 종목으로 채택되었고, 이후에도 계속 채택되고 있습니다. 가라테는 2020년 도쿄 올림픽 때 정식 종목으로 채택되었지만, 2024년 파리 올림픽 때는 채택되지 않았습니다.

중심 문장 마지막으로 (   )가 다릅니다.

▶ 태권도

◀ 가라테

어휘 뜻
- *장구: 어떤 일을 하려고 몸에 지니는 기구.
- *반격하다: 되받아 공격하다.
- *선호하다: 여럿 가운데서 특별히 가려서 좋아하다.
- *맷집: 매를 견디어 내는 힘이나 정도.

1 빈칸에 알맞은 말을 넣어 이 글의 핵심어를 완성하세요.

(   )의 공통점과 차이점

2 이 글의 짜임에 맞게 주요 내용을 정리하세요.

		태권도	( )
공통점		• 무기를 쓰지 않고 _____ 상대방과 겨룸.	
차이점	( )	• 몸통, 머리, 팔다리, 손발 보호대 등을 갖춤.	• 발목 보호대와 글러브를 갖춤.
	공격과 수비 방법	• _____ _____. • 피하거나 들이받은 힘을 반대로 이용해 반격하는 것을 선호함.	• 뒤로 물러서지 않음. • 상대의 공격을 방어 기술로 막거나 맷집으로 버티는 것을 선호함.
	올림픽 정식 종목으로 채택된 시기	• 2000년 시드니 올림픽 이후 계속 채택됨.	• _____ _____ _____.

3 앞에서 정리한 내용을 바탕으로 이 글의 내용을 요약해 쓰세요.

태권도와 가라테는 _____ 신체 각 부위를 이용해 상대방과 겨룬다는 공통점이 있습니다. 그러나 _____ _____에는 차이점이 있습니다.

🔺 **독해 정복!**

4 태권도와 가라테에 대한 설명으로 알맞지 <u>않은</u> 것을 고르세요. ( )

① 태권도는 가라테와 달리 공격할 때 좌우나 뒤로 움직인다.
② 태권도와 가라테는 무기를 쓰지 않고 겨룬다는 공통점을 가지고 있다.
③ 태권도와 가라테는 처음 올림픽 정식 종목이 된 이후 계속 채택되었다.
④ 가라테는 상대방을 직접 때리지 않기 때문에 태권도에 비해 보호 장구를 간단히 갖춘다.

소아 비만을 예방하자

① 서구화된 식습관과 활동량 부족으로 우리나라의 소아 비만 문제가 심각해지고 있다. 2023년 '학생 건강 검사 표본 통계' 결과, 과체중과 비만에 해당하는 초등학생 비율이 30퍼센트를 넘었다. 소아 비만은 성인 비만으로 이어지기 쉽고, 당뇨나 성조숙증과 같은 질병을 일으킬 수 있다. 또 비만으로 인한 우울감, 자신감 하락 등의 심리적 문제를 발생시키기도 한다. 따라서 소아 비만이 되지 않기 위해 노력해야 한다.

중심 문장 소아 비만이 (   ).

② 소아 비만을 예방하려면 올바른 식습관을 가져야 한다. 성장기에 있는 어린이는 음식의 양을 무조건 줄이면 성장에 방해가 되므로 체중 조절에 도움이 되지 않는 음식을 줄이는 것이 바람직하다. 패스트푸드, 탄산음료, 아이스크림 등과 같이 달고 짠 음식이나 기름진 음식을 덜 먹어야 한다. 또 균형 잡힌 식사를 규칙적으로 하고, 야식이나 외식을 줄이는 것이 좋다.

중심 문장 소아 비만을 예방하려면 (   )을 가져야 한다.

③ 올바른 생활 습관을 갖는 것도 필요하다. 가장 중요한 것은 규칙적으로 운동을 하는 것이다. 격렬한 운동보다는 줄넘기, 달리기, 자전거 타기 등을 일주일에 3회 이상, 하루 30분 정도 꾸준히 해야 한다. 일상생활에서 비활동 시간을 줄이고 활동량을 늘리는 것도 중요하다. 대표적 비활동 시간인 텔레비전 시청이나 스마트폰 사용 시간을 두 시간으로 제한하고, 계단 이용하기, 집안일 돕기 등을 실천해야 한다. 실내 자전거를 타면서 텔레비전을 보거나 스마트폰을 사용하면 비활동 시간을 운동 시간으로 바꿀 수도 있다.

중심 문장 (   )을 갖는 것도 필요하다.

④ 소아 비만은 어른의 도움 없이 어린이 스스로 예방하기 힘들다. 따라서 가정과 학교의 지속적인 관심과 노력이 필요하다. 학교에서는 소아 비만을 예방할 수 있는 방법을 알려 주고, 가정에서는 생활 속에서 실천할 수 있도록 도와주어야 한다.

중심 문장 가정과 학교의 (   )이 필요하다.

어휘 뜻

*과체중: 기준이나 표준에 비해 지나치게 많이 나가는 몸무게.
*당뇨: 소변에 당분이 많이 섞여 나오는 병.
*성조숙증: 사춘기가 시작되기 전에 남녀의 신체적 특징이 비정상적으로 빨리 나타난 상태.
*제한하다: 일정한 한도를 정하거나 그 한도를 넘지 못하게 막다.
*지속적: 어떤 상태가 오래 계속되는 것.

1 빈칸에 알맞은 말을 넣어 이 글의 핵심어를 완성하세요.

(   ) 문제를 해결하는 방법

2 이 글의 짜임에 맞게 주요 내용을 정리하세요.

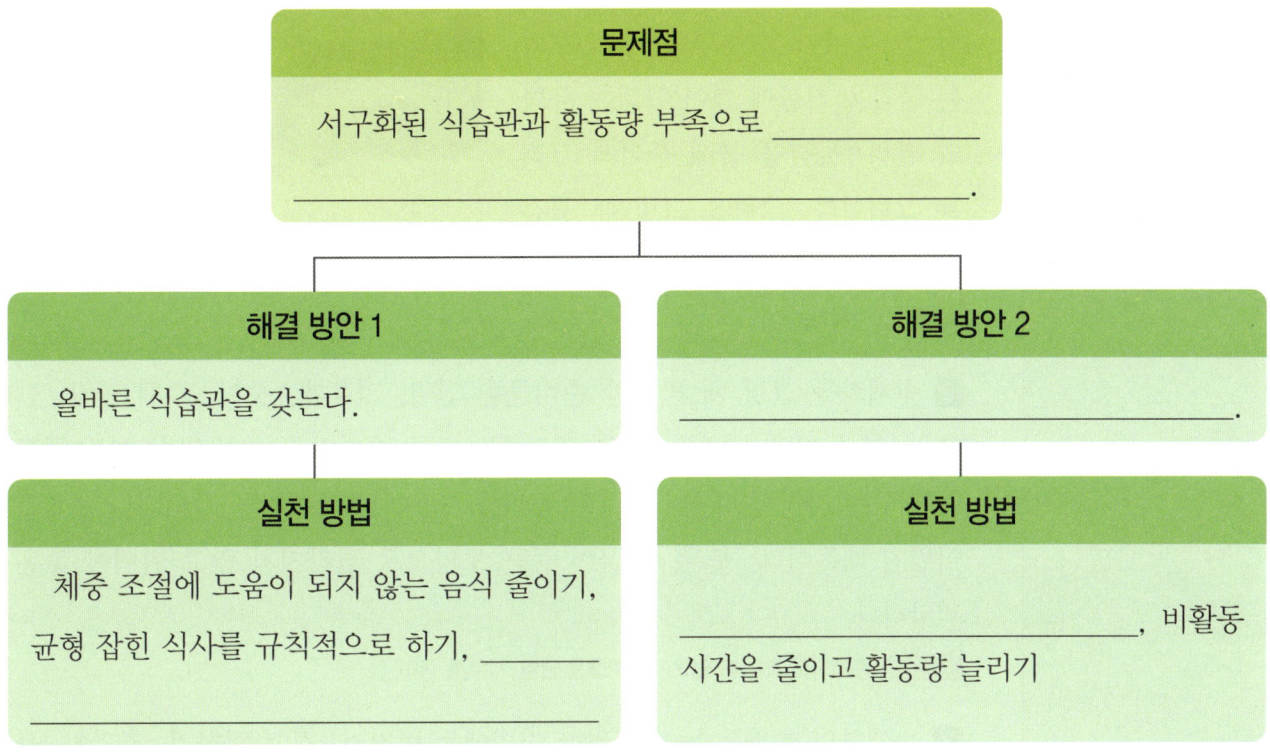

문제점
서구화된 식습관과 활동량 부족으로 _____.

해결 방안 1
올바른 식습관을 갖는다.

해결 방안 2
_____.

실천 방법
체중 조절에 도움이 되지 않는 음식 줄이기, 균형 잡힌 식사를 규칙적으로 하기, _____

실천 방법
_____, 비활동 시간을 줄이고 활동량 늘리기

3 앞에서 정리한 내용을 바탕으로 이 글의 내용을 요약해 쓰세요.

_____ 우리나라의 소아 비만 문제가 심각해지고 있다. 소아 비만을 예방하려면 _____.

 **독해 정복!**

4 이 글을 읽고 말한 내용이 알맞지 <u>않은</u> 친구를 고르세요. (　　　)

① 세빈: 소아 비만은 심리적인 부분에도 안 좋은 영향을 끼치는구나.
② 의준: 글쓴이는 소아 비만을 예방하기 위해 노력해야 한다는 생각을 가지고 있어.
③ 채운: 글쓴이는 소아 비만이 되지 않으려면 음식의 양을 무조건 줄여야 한다고 했어.
④ 다은: 소아 비만을 예방하려면 달고 기름진 음식을 덜 먹고 규칙적으로 운동을 해야 하는구나.

수채화의 모든 것

▲ 수채화

1 우리가 학교에서 많이 그리는 그림 중 하나가 수채화이다. 수채화는 물감을 기름에 개어 그리는 유화와 달리, 물감을 물에 풀어서 그리는 그림이다. 그림을 그릴 때 물감에 물을 많이 섞을수록 그림이 투명해지고, 적게 섞을수록 불투명해진다.

중심 문장 수채화는 ( )이다.

2 수채화를 그릴 때 필요한 준비물은 연필, 지우개, 종이, 수채 물감, 팔레트, 붓, 물통 등이다. 종이는 물을 흡수하는 모든 종이가 가능하지만, 어느 정도 두께감이 있는 것이 좋다. 너무 얇은 종이를 사용하면 종이가 뒤틀리거나 덧칠을 하기 어렵기 때문이다. 붓은 붓 끝이 둥근 모양으로 갈라지지 않고 탄력이 좋은 것이 적당하다.

중심 문장 수채화를 그릴 때 필요한 준비물은 연필, 지우개, 종이, ( ) 등이다.

3 수채화의 효과를 높이기 위한 기법에는 번지기, 겹쳐 칠하기, 뿌리기, 불기 등이 있다. 번지기는 칠한 물감이 마르기 전에 다른 색을 칠해 물감이 서로 번지도록 하는 것이고, 겹쳐 칠하기는 칠한 물감이 마른 뒤 그 위에 물감을 겹쳐서 칠하는 것이다. 뿌리기는 종이 위에 물감을 흘리거나 뿌리는 것이고, 불기는 종이에 물감을 떨어뜨린 뒤, 물감을 입으로 부는 것이다.

중심 문장 ( )에는 번지기, 겹쳐 칠하기, 뿌리기, 불기 등이 있다.

4 수채화를 그릴 때 주의할 점은 스케치 단계에서 지우개를 적게 사용하고, 종이에 기름기가 묻지 않게 하는 것이다. 스케치를 할 때 지우개로 너무 많이 지우면 종이의 표면이 헐어 색을 칠했을 때 지저분해질 수 있다. 또 종이에 기름기가 묻어 있으면 색을 칠할 때 기름기가 물감을 밀어 내기 때문에 얼룩이 생길 수 있다.

중심 문장 ( )은 스케치 단계에서 지우개를 적게 사용하고, 종이에 기름기가 묻지 않게 하는 것이다.

어휘 뜻
*개다: 가루나 덩이진 것에 물이나 기름 따위를 쳐서 서로 섞이거나 풀어지도록 으깨거나 반죽하다.
*탄력: 용수철처럼 튀거나 팽팽하게 버티는 힘.
*기법: 기교와 방법.
*헐다: 물건이 오래되거나 많이 써서 낡아지다.

1 이 글의 핵심어를 쓰세요.

( )

2 이 글의 짜임에 맞게 주요 내용을 정리하세요.

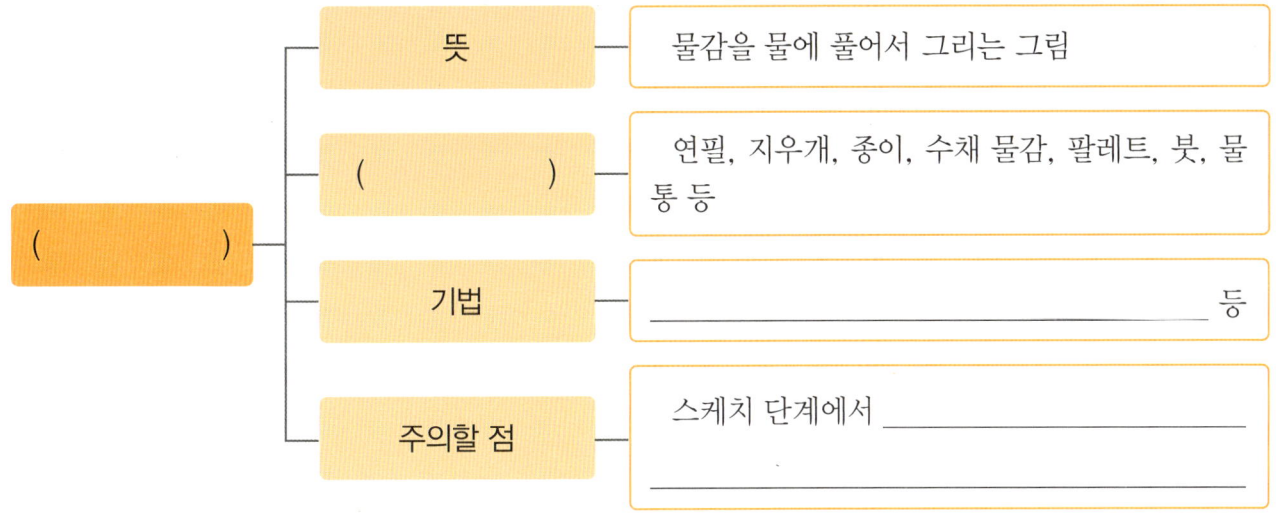

- ( )
  - 뜻 — 물감을 물에 풀어서 그리는 그림
  - ( ) — 연필, 지우개, 종이, 수채 물감, 팔레트, 붓, 물통 등
  - 기법 — _____ 등
  - 주의할 점 — 스케치 단계에서 _____

3 앞에서 정리한 내용을 바탕으로 이 글의 내용을 요약해 쓰세요.

> 수채화는 _____. 수채화를 그릴 때 필요한 준비물은 연필, 지우개, 종이, 수채 물감, 팔레트, 붓, 물통 등이고, _____. 수채화를 그릴 때에는 스케치 단계에서 지우개를 적게 사용하고, 종이에 기름기가 묻지 않게 해야 한다.

 독해 정복!

4 이 글을 읽고 알 수 있는 내용이 <u>아닌</u> 것을 고르세요. ( )

① 수채화의 뜻과 준비물 ② 수채화와 유화의 다른 점
③ 수채화의 역사와 대표 작품 ④ 수채화의 기법과 그릴 때 주의할 점

5 수채화에 대한 설명으로 알맞은 것을 찾아 ○표 하세요.

⑴ '번지기'는 칠한 물감이 마른 뒤에 그 위에 물감을 칠하는 방법이다. ( )
⑵ 수채화를 그리기에 알맞은 종이는 잘 뒤틀리지 않고 덧칠하기 좋은 종이이다. ( )
⑶ 스케치를 할 때에는 종이의 표면이 헐지 않도록 기름기가 있는 지우개를 사용한다. ( )

11

닮은 듯 다른 물개와 물범

1 물개나 물범을 보면 바로 구분할 수 있나요? 물개와 물범은 생김새가 비슷하기 때문에 아마 대부분의 친구들이 구분하기 힘들 거예요. 그럼 물개와 물범은 어떤 점이 같고 어떤 점이 다른지 알아봅시다.

 ▲ 물개
 ▲ 물범

중심 문장 물개와 물범은 (   ) 알아봅시다.

2 물개와 물범은 모두 바다 포유류입니다. 포유류는 엄마 배 속에서 어느 정도 자란 상태로 태어난 뒤 젖을 먹고 크는 동물입니다. 대부분의 포유류는 육지에서 살지만, 바다에서 살기도 합니다. 물개, 물범, 고래, 돌고래, 듀공 등과 같이 바다에서 사는 포유류를 '바다 포유류'라고 합니다. 바다 포유류는 바다에서 생활할 수 있도록 다리가 지느러미 모양으로 변해 물속에서 헤엄을 잘 칩니다.

중심 문장 물개와 물범은 모두 (   )입니다.

3 물개와 물범은 생김새가 비슷해 보이지만, 다른 점도 있습니다. 물개는 앞다리가 길지만, 물범은 앞다리가 짧습니다. 물개는 길고 튼튼한 앞다리를 이용해 몸을 세울 수 있고, 땅에서 앞다리와 뒷다리를 내밀면서 걸어 다닙니다. 반면 물범은 몸에 비해 앞다리가 짧기 때문에 몸을 세우기 힘듭니다. 땅에서 이동할 때에는 배를 이용해 통통 튀며 움직입니다.

중심 문장 물개는 앞다리가 길지만, 물범은 (   ).

4 또 물개는 *귓바퀴가 있지만, 물범은 귓바퀴가 없습니다. 물개는 귓바퀴가 밖으로 튀어나와 있어서 잘 보입니다. 반면 물범은 귓바퀴가 없이 귓구멍만 뚫려 있습니다. 귓바퀴가 없으면 귓바퀴를 통해 열이 빠져나가 *체온이 떨어지는 것을 막을 수 있기 때문에 찬 바다에서 사는 데 도움이 됩니다.

중심 문장 물개는 (   ), 물범은 귓바퀴가 없습니다.

어휘 뜻
*귓바퀴: 겉으로 드러난 귀의 가장자리 부분.
*체온: 동물체가 가지고 있는 온도.

---

1 빈칸에 알맞은 말을 넣어 이 글의 핵심어를 완성하세요.

(   )의 같은 점과 다른 점

2 이 글의 짜임에 맞게 주요 내용을 정리하세요.

물개
- _____.
- 몸을 세울 수 있음.
- 땅에서 앞다리와 뒷다리를 내밀면서 걸어 다님.
- 귓바퀴가 있음.

공통
- 바다 포유류임.
- 다리가 지느러미 모양으로 변했음.
- _____.

물범
- 앞다리가 짧음.
- _____.
- 땅에서 배를 이용해 움직임.
- _____.

3 앞에서 정리한 내용을 바탕으로 이 글의 내용을 요약해 쓰세요.

물개와 물범은 _____. 하지만 물개는 앞다리가 길고 귓바퀴가 있는 반면, _____이/가 다릅니다.

독해 정복!

4 이 글을 읽기에 가장 알맞은 친구를 고르세요. (   )

① 물개와 물범의 먹이가 궁금한 의찬
② 물개와 물범 보호에 관심이 있는 슬아
③ 물개와 물범을 직접 보고 싶어 하는 리안
④ 물개와 물범을 구분하고 싶어 하는 서준

5 물개에 대한 설명으로 알맞은 것을 찾아 기호를 쓰세요.

㉮ 귓바퀴가 없어서 체온이 떨어지는 것을 막을 수 있다.
㉯ 바다 포유류라서 물범과 달리 물속에서 헤엄을 잘 친다.
㉰ 길고 튼튼한 앞다리로 몸을 세울 수 있고 걸어 다닐 수도 있다.

(   )

국어 12

국어사전에서 낱말의 뜻을 찾아요

1 글을 읽다 보면 모르는 낱말이 나오기도 합니다. 뜻을 모르는 낱말은 앞뒤 내용을 통해 그 뜻을 짐작할 수 있습니다. 만약 낱말의 뜻을 짐작하기 어렵거나 정확한 뜻을 알고 싶을 때에는 어떻게 해야 할까요? 국어사전을 이용하면 낱말의 뜻을 정확히 알 수 있습니다.

중심 문장 (   ) 낱말의 뜻을 정확히 알 수 있습니다.

2 국어사전에서 낱말의 뜻을 찾으려면 먼저 낱말의 형태가 바뀌는지 살펴봅니다. 우리말에는 형태가 바뀌지 않는 낱말과 형태가 바뀌는 낱말이 있습니다. 형태가 바뀌는 낱말에는 '먹다, 자다' 등과 같이 움직임을 나타내는 낱말과 '작다, 예쁘다' 등과 같이 성질을 나타내는 낱말이 있습니다. 국어사전에서 낱말을 찾을 때 형태가 바뀌지 않는 낱말은 그대로 찾고, 형태가 바뀌는 낱말은 기본형으로 찾아야 합니다. 낱말의 기본형은 형태가 바뀌지 않는 부분에 '-다'를 붙여서 만듭니다. 예를 들어, '먹고'의 기본형은 '먹다'입니다.

중심 문장 국어사전에서 낱말의 뜻을 찾으려면 먼저 (   )가 바뀌는지 살펴봅니다.

3 두 번째, 낱말을 이루는 글자의 차례대로 국어사전에서 찾습니다. 첫 번째 글자의 첫 자음자, 모음자, 받침 순서대로 찾고, 다음 글자도 낱자의 차례대로 찾습니다. 예를 들어 '먹다'는 'ㅁ, ㅓ, ㄱ, ㄷ, ㅏ'의 차례대로 찾아야 합니다. 국어사전에는 첫 번째 글자의 첫 자음자가 같은 낱말끼리 모여 있습니다. 국어사전에 첫 자음자는 'ㄱ ㄲ ㄴ ㄷ ㄸ ㄹ ㅁ ㅂ ㅃ ㅅ ㅆ ㅇ ㅈ ㅉ ㅊ ㅋ ㅌ ㅍ ㅎ', 모음자는 'ㅏ ㅐ ㅑ ㅒ ㅓ ㅔ ㅕ ㅖ ㅗ ㅘ ㅙ ㅚ ㅛ ㅜ ㅝ ㅞ ㅟ ㅠ ㅡ ㅢ ㅣ', 받침은 'ㄱ ㄲ ㄳ ㄴ ㄵ ㄶ ㄷ ㄹ ㄺ ㄻ ㄼ ㄽ ㄾ ㄿ ㅀ ㅁ ㅂ ㅄ ㅅ ㅆ ㅇ ㅈ ㅊ ㅋ ㅌ ㅍ ㅎ'의 차례대로 실려 있습니다.

중심 문장 두 번째, (   )대로 국어사전에서 찾습니다.

4 세 번째, 낱말의 뜻을 읽고 내가 찾는 낱말의 뜻이 맞는지 확인합니다. 특히 낱말의 뜻이 여러 개일 때에는 내가 알고 싶어 하는 뜻을 찾아야 합니다.

중심 문장 세 번째, 낱말의 뜻을 읽고 (   ) 확인합니다.

어휘 뜻

*낱자: 한글의 자음자와 모음자와 같이 기본이 되는 글자.

---

1 빈칸에 알맞은 말을 넣어 이 글의 핵심어를 완성하세요.

국어사전에서 (   )을/를 찾는 방법

2 이 글의 짜임에 맞게 주요 내용을 정리하세요.

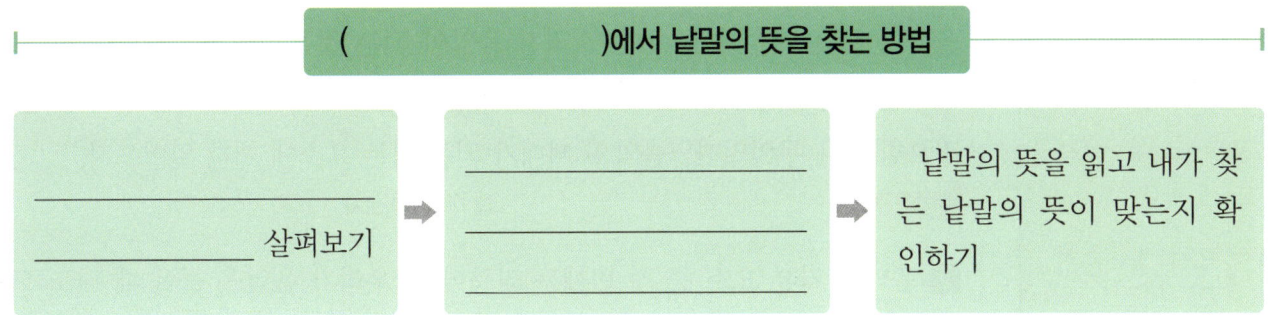

( )에서 낱말의 뜻을 찾는 방법

_____ 살펴보기 → _____ → 낱말의 뜻을 읽고 내가 찾는 낱말의 뜻이 맞는지 확인하기

3 앞에서 정리한 내용을 바탕으로 이 글의 내용을 요약해 쓰세요.

국어사전에서 낱말의 뜻을 찾으려면 먼저 _____, 낱말을 이루는 글자의 차례대로 국어사전에서 찾습니다. 그런 다음 _____.

독해 정복!

4 국어사전에서 낱말의 뜻을 찾는 방법으로 알맞지 <u>않은</u> 것을 고르세요. ( )

① 가장 먼저 형태가 바뀌는 낱말인지 확인한다.
② 형태가 바뀌는 낱말은 그대로 국어사전에서 찾는다.
③ 국어사전에서 낱말을 찾을 때에는 낱말을 이루는 글자의 차례대로 찾는다.
④ 국어사전에서 낱말을 찾았으면 내가 알고 싶어 하는 뜻이 맞는지 확인한다.

5 국어사전에 낱말이 어떤 순서대로 실려 있는지 알 수 있는 문단을 고르세요. ( )

① 1문단　　② 2문단　　③ 3문단　　④ 4문단

음악 13

(　　　　　)

1 음악이란 소리의 높낮이, 장단, 강약 등의 특성을 소재로 하여 생각이나 감정을 표현하는 예술이다. 모든 소리가 음악이 되는 것은 아니고, 사람이 만들어 낸 소리를 다른 사람들이 음악이라고 느껴야 음악이 된다. 그렇다면 음악을 만들 때 필요한 것은 무엇일까? 음악의 뼈대가 되는 기본 요소에 대해 알아보자.

중심 문장 (　　　　　　　　　)에 대해 알아보자.

2 음악의 기본 요소 중 첫 번째는 리듬이다. 우리가 음악을 들을 때 나도 모르게 음악에 빠져 몸을 움직이기도 한다. 빠르거나 느리게, 혹은 강하거나 약하게 몸이 저절로 움직인다. 이것은 바로 리듬 때문이다. 이렇게 규칙을 가지고 움직이는 소리의 흐름을 '리듬'이라고 한다. 음표의 장단, 악센트, 음의 셈여림, 빠르기 등이 규칙적으로 되풀이되며 리듬을 만든다.

중심 문장 음악의 기본 요소 중 첫 번째는 (　　　　　)이다.

3 음악의 두 번째 기본 요소는 멜로디이다. 멜로디는 리듬을 바탕으로 소리의 높낮이를 표현한 음의 흐름을 말한다. 긴 소리와 짧은 소리들로 이루어진 리듬에 높은 소리와 낮은 소리들을 결합시키면 멜로디가 된다. 멜로디는 '가락'이라고도 부른다.

중심 문장 음악의 두 번째 기본 요소는 (　　　　　)이다.

4 음악의 세 번째 기본 요소는 화음이다. 화음은 높이가 다른 두 개 이상의 음이 동시에 울려서 생기는 소리를 말한다. 음 하나가 울리는 것보다 두 개 이상의 음이 조화롭게 어울려 울리면 더 풍부한 울림이 느껴진다.

중심 문장 음악의 세 번째 기본 요소는 (　　　　　)이다.

5 이렇게 리듬, 멜로디, 화음을 음악의 기본 요소라고 한다. 이것은 18, 19세기 서양 음악에서 비롯된 것이다. 요즘에는 화음을 음악의 기본 요소로 보지 않는 견해도 있다. 여러 나라의 민요 등과 같이 화음이 없는 음악도 많기 때문이다.

중심 문장 요즘에는 화음을 (　　　　　　　　) 견해도 있다.

어휘 뜻
***장단**: 길고 짧음.
***요소**: 무엇을 이루는 데 반드시 있어야 할 중요한 성분이나 조건.
***악센트**: 음악에서, 어떤 음을 크고 힘 있게 소리 내어 강조하는 일.
***결합시키다**: 둘 이상의 사물이나 사람이 서로 관계를 맺어 하나가 되게 하다.
***견해**: 어떤 사물이나 현상에 대한 자기의 의견이나 생각.

1 이 글의 핵심어를 쓰세요.

(　　　　　　　　　)

2 이 글의 짜임에 맞게 주요 내용을 정리하세요.

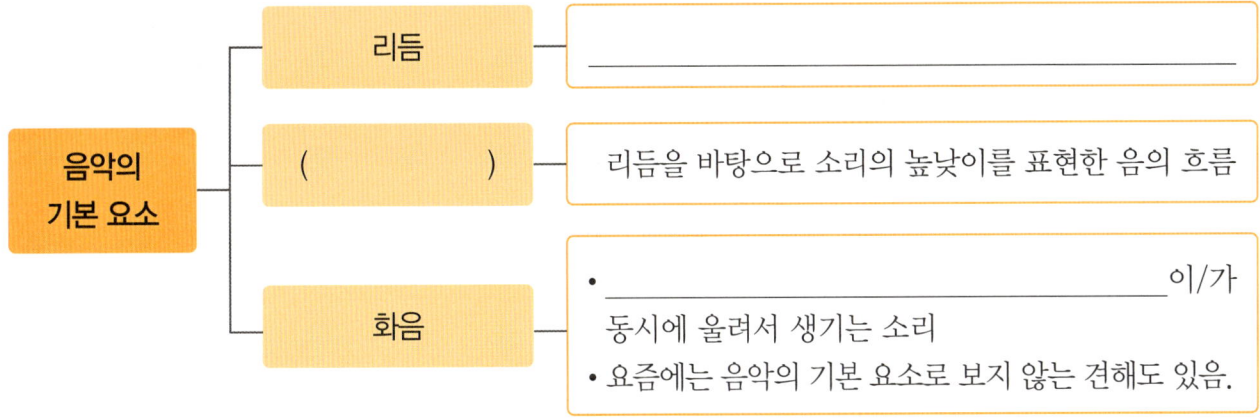

3 앞에서 정리한 내용을 바탕으로 이 글의 내용을 요약해 쓰세요.

음악의 기본 요소는 _____.
그러나 요즘에는 _____
_____.

 독해 정복!

4 이 글의 제목으로 알맞은 것을 고르세요. ( )

① 음악은 어떻게 탄생했을까?
② 음악은 어떻게 즐겨야 할까?
③ 음악은 무엇으로 이루어져 있을까?
④ 음악은 우리에게 어떤 도움을 줄까?

5 음악의 기본 요소 중에서 다음 내용과 관련 있는 것을 쓰세요.

(1) 소리의 어울림: ( )
(2) 소리의 길고 짧음: ( )
(3) 소리의 높고 낮음: ( )

14

우주 쓰레기, 어떻게 해야 할까?

1 세계 각국이 앞다퉈 우주 개발에 뛰어들면서 우주 쓰레기가 국제적인 문제가 되고 있다. 우주 쓰레기는 수명을 다한 인공위성이나 로켓의 파편 등 다양하다. 우주 쓰레기는 매우 빠르게 움직이기 때문에 충돌 시 큰 피해로 이어진다. 국제 우주 정거장이나 인공위성과 충돌하면 시설이 파괴되고 우주인의 생명이 위험할 수 있다. 또 최근 미국의 한 가정집에 우주 쓰레기가 떨어진 사건처럼 지구에 살고 있는 우리가 위험할 수도 있다. 이제 우주 쓰레기를 해결하기 위한 노력이 필요하다.

중심 문장 이제 (　　　　　　　　)를 해결하기 위한 노력이 필요하다.

2 우주 쓰레기를 해결하는 첫 번째 방법은 우주를 떠돌고 있는 우주 쓰레기를 직접 제거하는 것이다. 우주에 버려진 쓰레기를 제거하여 우주 환경을 깨끗하게 청소할 필요가 있다. 로봇 팔을 이용해 제거하는 기술, 레이저나 네트를 사용하여 지구로 끌어 내리는 기술 등 다양한 기술을 개발해 우주 쓰레기를 제거해야 한다.

중심 문장 우주 쓰레기를 해결하는 첫 번째 방법은 (　　　　　　　　)를 직접 제거하는 것이다.

3 두 번째 방법은 우주 쓰레기를 줄일 수 있는 인공위성을 만드는 것이다. 인공위성을 만들 때 쓰레기가 나오지 않는 부품을 쓰고, 수명이 다한 인공위성은 지구에 무사히 되돌아오게 하며, 기능을 다한 인공위성의 연료는 닳게 해서 폭발하지 않게 해야 한다.

중심 문장 두 번째 방법은 (　　　　　　　　　　)을 만드는 것이다.

4 세 번째 방법은 우주 개발에 나서는 모든 나라가 지켜야 하는 국제적인 규칙을 마련하는 것이다. 우주 쓰레기는 전 세계적인 문제로 나라 간의 협력이 필요하다. 우주 쓰레기를 줄이기 위한 규제를 마련하여 전 세계가 함께 지켜 나가야 한다.

중심 문장 세 번째 방법은 (　　　　　　　　　　)을 마련하는 것이다.

5 앞으로 우주 쓰레기는 더 빠르게 증가할 것이다. 인류는 우주를 개발하기 위한 활동을 계속할 것이기 때문이다. 따라서 하루빨리 우주 쓰레기를 해결해야 한다.

중심 문장 하루빨리 (　　　　　　　　　　　　　　　　　).

어휘 뜻

* **수명:** 물건이나 시설 등이 쓰일 수 있는 기간.
* **파편:** 깨어지거나 부서진 조각.
* **부품:** 기계 따위의 어떤 부분에 쓰는 물품.
* **규제:** 규칙이나 법에 의하여 개인이나 단체의 활동을 제한함.

---

1 빈칸에 알맞은 말을 넣어 이 글의 핵심어를 완성하세요.

(　　　　　　)을/를 해결하는 방법

2 이 글의 짜임에 맞게 주요 내용을 정리하세요.

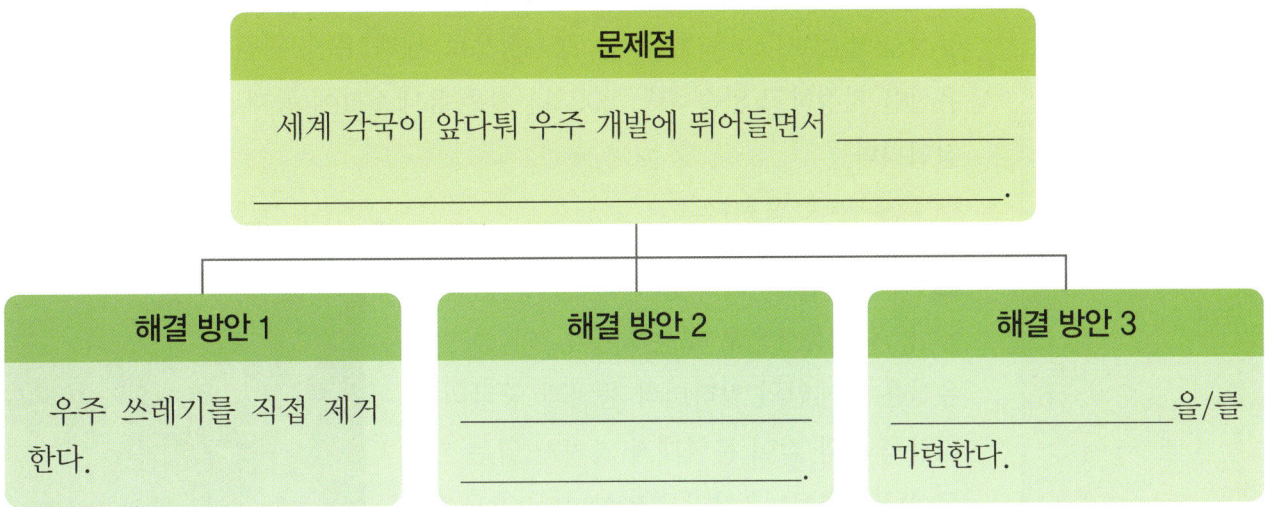

문제점
세계 각국이 앞다퉈 우주 개발에 뛰어들면서 _____.

해결 방안 1	해결 방안 2	해결 방안 3
우주 쓰레기를 직접 제거한다.	_____.	_____을/를 마련한다.

3 앞에서 정리한 내용을 바탕으로 이 글의 내용을 요약해 쓰세요.

_____
_____. 우주 쓰레기를 해결하려면 _____,
우주 쓰레기를 줄일 수 있는 인공위성을 만들며, 국제적인 규칙을 마련해야 한다.

 독해 정복!

4 이 글의 글쓴이와 같은 생각을 가진 친구를 고르세요. (   )

① 제호: 우주 쓰레기는 우주 기술이 뛰어난 나라에서 해결해야 해.
② 예린: 우주 쓰레기에 관심을 가지고 해결하기 위해 노력해야 해.
③ 보라: 우주 쓰레기는 우주 개발을 이룬 뒤에 해결해도 늦지 않아.
④ 명보: 우주 쓰레기는 우리에게 별로 피해를 주지 않으니까 해결하지 않아도 돼.

5 우주 쓰레기를 해결하는 방법을 제시한 문단끼리 짝 지은 것을 고르세요. (   )

① ❶문단, ❷문단, ❸문단   ② ❶문단, ❷문단, ❹문단
③ ❷문단, ❸문단, ❹문단   ④ ❸문단, ❹문단, ❺문단

사회 15

전 세계가 함께 보호해야 할 인류의 재산

1 세계 유산은 유네스코가 인류를 위해 보호할 가치가 있다고 인정하여 지정한 유산을 말합니다. 유네스코는 정기적으로 세계 유산 위원회를 열고 새로운 세계 유산을 지정하고 있습니다. 2023년 기준 유네스코에 등재된 세계 유산은 총 1,199점입니다.

중심 문장 세계 유산은 유네스코가 (　　　　　　　　　　　)고 인정하여 지정한 유산을 말합니다.

2 세계 유산은 특성에 따라 문화유산, 자연유산, 복합유산으로 구분됩니다. 이 중 문화유산은 스페인의 알타미라 동굴과 중국의 만리장성 등과 같이 문화재적 가치가 있는 기념물이나 건축물, 유적지를 말합니다. 유네스코에 등재된 우리나라의 문화유산에는 석굴암과 불국사, 해인사 장경판전 등이 있습니다.

▲ 알타미라 동굴의 벽화

중심 문장 문화유산은 (　　　　　　　　　　　) 기념물이나 건축물, 유적지를 말합니다.

3 자연유산은 특별히 아름다운 자연이나 희귀한 자연물, 멸종 위기에 처한 동식물 서식지 등과 같이 미적·과학적 가치가 있는 자연 지역이나 자연 유적지를 말합니다. 미국의 그랜드 캐니언 국립 공원, 탄자니아의 킬리만자로 국립 공원 등이 이에 해당합니다. 우리나라에는 '제주 화산섬과 용암 동굴', '한국의 갯벌'이 세계 자연유산으로 등재되어 있습니다.

중심 문장 자연유산은 (　　　　　　　　　　　) 자연 지역이나 자연 유적지를 말합니다.

4 복합유산은 문화유산과 자연유산의 특성을 동시에 가지고 있는 유산을 말합니다. 세계 최초의 복합유산은 뉴질랜드의 통가리로 국립 공원입니다. 통가리로 국립 공원은 아름다운 자연환경일 뿐만 아니라 뉴질랜드의 원주민인 마오리족의 문화까지 배어 있기 때문에 세계 복합유산으로 등재될 수 있었습니다.

중심 문장 (　　　　　　　　　　　)은 문화유산과 자연유산의 특성을 동시에 가지고 있는 유산을 말합니다.

어휘 뜻
*유네스코: 국제 연합 전문 기관의 하나.
*정기적: 기한이나 기간이 일정하게 정해져 있는 것.
*등재되다: 이름이나 어떤 내용이 장부에 적혀 올려지다.
*희귀하다: 드물어서 특이하거나 매우 귀하다.
*미적: 사물의 아름다움에 관한.

1 이 글의 핵심어를 쓰세요.

(　　　　　　　　　　　)

2 이 글의 짜임에 맞게 주요 내용을 정리하세요.

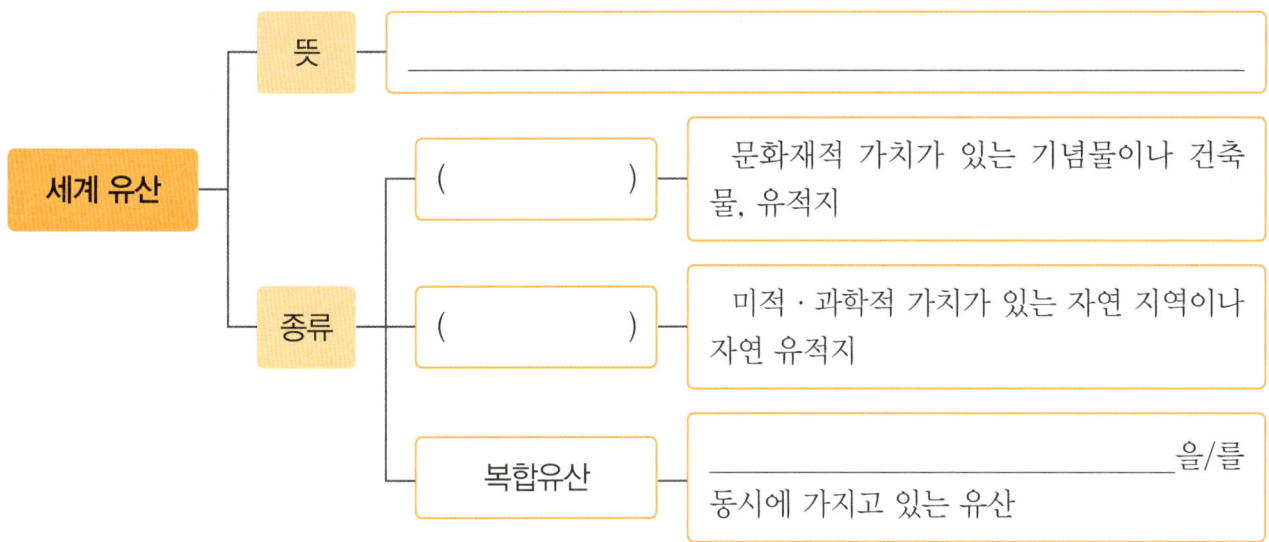

3 앞에서 정리한 내용을 바탕으로 이 글의 내용을 요약해 쓰세요.

_____
_____. 세계 유산에는 문화재적 가치가 있는 기념물이나 건축물, 유적지를 말하는 문화유산, _____
_____, 문화유산과 자연유산의 특성을 동시에 가지고 있는 복합유산이 있습니다.

 독해 정복!

4 이 글을 읽고 알 수 있는 내용이 아닌 것을 고르세요. (   )

① 세계 유산의 뜻과 종류
② 문화유산, 자연유산, 복합유산의 예
③ 문화유산, 자연유산, 복합유산의 특성
④ 2023년까지 지정된 우리나라의 세계 유산 수

5 다음에서 설명한 이구아수 국립 공원은 세계 유산 중 무엇에 해당할지 ○표 하세요.

> 이구아수 국립 공원에는 세계에서 가장 큰 이구아수 폭포가 있고, 멸종 위기 동식물이 살고 있다.

(문화유산 , 자연유산)

16

유서 깊은 장소에서 행사를 열어도 될까?

1 최근 약 1,400년의 역사를 자랑하는 영국 캔터베리 대성당에서 댄스 행사가 열렸다. 행사는 성공적으로 끝났지만, 유서 깊은 장소에서 행사를 여는 것이 적절한지를 두고 비판의 목소리가 높았다. 하지만 유서 깊은 장소에서 행사를 열 수 있게 해야 한다고 생각한다. 그 까닭은 다음과 같다.

중심 문장 (   ).

2 첫째, 그 장소에 관심을 갖는 사람이 늘어날 수 있기 때문이다. 역사적 가치가 있는 유적지나 국가유산이 있는 곳에서 행사를 열면 많은 사람들이 그곳을 방문하게 되면서 그곳에 대해 잘 몰랐던 사람들도 관심을 가지게 된다. 나아가 그 유적지나 국가유산에 대해 이해하고 자부심을 갖게 될 수도 있다. 그러면 행사가 열리지 않을 때에도 그곳을 찾는 사람이 많아지게 된다.

중심 문장 첫째, 그 장소에 (   )이 늘어날 수 있기 때문이다.

3 둘째, 우수한 국가유산을 전 세계에 널리 알릴 수 있기 때문이다. 우수한 국가유산이 있는 장소에서 다른 나라 사람들이 참여할 수 있는 행사를 열면 그 국가유산의 가치와 우수성을 전 세계에 널리 알리는 데에 도움이 된다.

중심 문장 둘째, (   )을 전 세계에 널리 알릴 수 있기 때문이다.

4 셋째, 지역 경제에 도움이 되기 때문이다. 유적지나 국가유산이 있는 곳에서 행사를 열면 그 장소가 있는 지역을 방문하는 사람이 늘게 된다. 그러면 그 지역에 와서 소비를 하는 사람이 늘어나 지역 경제를 살리는 데에 도움이 된다.

중심 문장 셋째, (   )에 도움이 되기 때문이다.

5 어떤 사람들은 행사로 인해 유적지나 국가유산이 훼손될까 봐 걱정하기도 한다. 그러나 행사를 열기 전에 계획을 철저히 세우면 된다. 얼마 전 우리나라 경복궁 근정전에서 패션쇼가 열렸지만, 국가유산이 훼손되는 일은 없었다. 앞으로도 유서 깊은 장소에서 행사를 열 수 있게 하자.

중심 문장 앞으로도 유서 깊은 장소에서 행사를 열 수 있게 하자.

어휘 뜻

*유서: 예로부터 전하여 내려오는 까닭과 내력.

*국가유산: 보존하고 계승할 만한 가치가 큰 유산.

*자부심: 자기 자신 또는 자기와 관련된 것에 대해 스스로 그 가치나 능력을 믿고 당당히 여기는 마음.

*소비: 돈이나 물자, 시간, 노력 따위를 들이거나 써서 없앰.

---

1 빈칸에 알맞은 말을 넣어 이 글의 핵심어를 완성하세요.

(   )에서 행사를 여는 문제

2 이 글의 짜임에 맞게 주요 내용을 정리하세요.

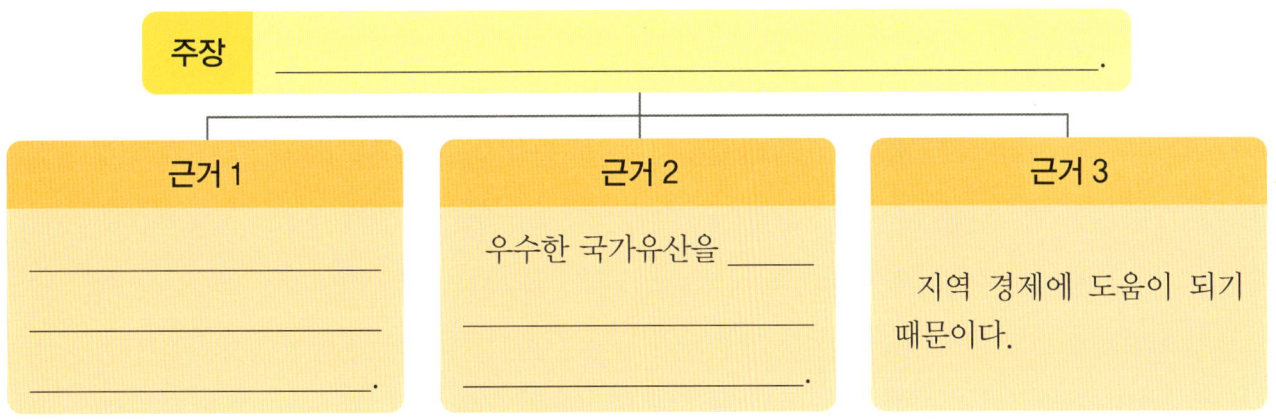

주장 _____.

근거 1
_____
_____
_____.

근거 2
우수한 국가유산을 _____
_____
_____.

근거 3
지역 경제에 도움이 되기 때문이다.

3 앞에서 정리한 내용을 바탕으로 이 글의 내용을 요약해 쓰세요.

_____. 유서 깊은 장소에서 행사를 열면 그 장소에 관심을 갖는 사람이 늘어날 수 있고, 우수한 국가유산을 전 세계에 널리 알릴 수 있기 때문이다. _____.

 독해 정복!

4 이 글을 세 부분으로 나눌 때 가운데 부분에 해당하는 문단을 모두 찾아 ○표 하세요.

(**1**문단 , **2**문단 , **3**문단 , **4**문단 , **5**문단)

5 이 글을 읽고 생각이나 느낌을 알맞게 말하지 <u>못한</u> 친구를 찾아 이름을 쓰세요.

종현: 나는 글쓴이와 생각이 같아. 유서 깊은 장소에서 행사를 여는 것에 찬성해.
보라: 국가유산을 알리는 방법이 유서 깊은 장소에서 행사를 여는 것뿐이라는 것이 안타까워.
유민: 유서 깊은 장소에서 행사를 열면 아무리 계획을 잘 세워도 훼손될 수 있어. 훼손될 가능성이 조금이라도 있으면 행사를 열지 않는 것이 맞아.

(   )

도덕 17

태극기를 바르게 달아요

1 국기 게양은 국가적으로 중요한 날에 국기를 다는 것을 뜻합니다. 우리나라는 국기 게양과 관련된 내용을 법으로 정해 놓았습니다. 우리나라의 국기인 태극기를 언제 어떻게 달아야 하는지 게양법을 알아봅시다.

중심 문장 태극기 (   )을 알아봅시다.

2 태극기는 국경일과 일부 기념일, 국가장 기간, 정부나 지방 자치 단체가 정한 날에 답니다. 법으로 정해진 국경일은 삼일절, 제헌절, 광복절, 개천절, 한글날이고, 태극기를 달아야 하는 기념일은 현충일과 국군의 날입니다. 또 국가가 국가나 사회에 큰 공을 남긴 사람의 장례를 주관하여 치르는 국가장 기간에도 태극기를 달아야 합니다.

중심 문장 태극기는 (   ), 정부나 지방 자치 단체가 정한 날에 답니다.

3 태극기를 다는 방법은 게양일에 따라 다릅니다. 삼일절, 제헌절, 광복절, 개천절, 한글날, 국군의 날과 같은 경축일에는 태극기를 깃대 끝까지 올려 답니다. 이것이 일반적으로 태극기를 다는 방법으로, 공공 기관이나 군부대, 공항 등 평일에 계속 태극기를 다는 곳은 이렇게 달아야 합니다. 현충일이나 국가장 기간 등 조의를 표하는 날에는 깃봉으로부터 태극기의 세로 길이만큼 내려서 답니다.

중심 문장 (   ).

깃봉 →
깃대 →

◀ 경축일 및 평일   ◀ 조의를 표하는 날

4 태극기를 달 때 주의할 점은 태극기가 훼손되지 않게 하는 것입니다. 태극기가 바닥에 떨어지거나 바람에 날리지 않도록 해야 합니다. 또 심한 비, 눈, 바람 등으로 인해 태극기가 훼손될 수 있다면 태극기를 달지 않아야 합니다.

중심 문장 태극기를 달 때 주의할 점은 (   ).

어휘 뜻

*게양: 깃발을 높이 닮.
*지방 자치 단체: 한 나라의 일부를 구역으로 하여, 법이 정하는 범위 안에서 그 지역의 행정을 처리하는 단체.
*주관하다: 어떤 일을 책임을 지고 맡아 관리하다.
*경축일: 기쁘고 즐거운 일을 축하하는 날.
*조의: 남의 죽음을 슬퍼하는 뜻.
*표하다: 태도나 의견 따위를 나타내다.

1 이 글의 핵심어를 쓰세요.

(   )

2 이 글의 짜임에 맞게 주요 내용을 정리하세요.

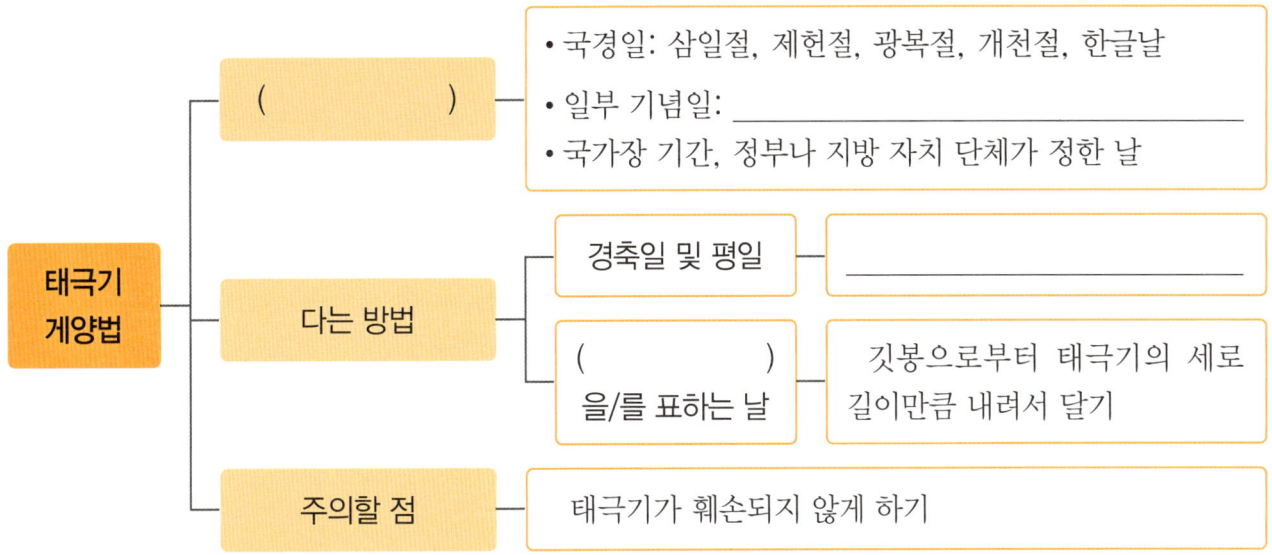

- 국경일: 삼일절, 제헌절, 광복절, 개천절, 한글날
- 일부 기념일: _____
- 국가장 기간, 정부나 지방 자치 단체가 정한 날

태극기 게양법
- ( )
- 다는 방법
  - 경축일 및 평일 — _____
  - ( ) 을/를 표하는 날 — 깃봉으로부터 태극기의 세로 길이만큼 내려서 달기
- 주의할 점 — 태극기가 훼손되지 않게 하기

3 앞에서 정리한 내용을 바탕으로 이 글의 내용을 요약해 쓰세요.

태극기는 국경일과 일부 기념일, 국가장 기간, 정부나 지방 자치 단체가 정한 날에 답니다. _____, 조의를 표하는 날에는 깃봉으로부터 태극기의 세로 길이만큼 내려서 답니다. 태극기를 달 때에는 _____.

 독해 정복!

4 ❷문단을 읽고 알 수 있는 내용이 <u>아닌</u> 것을 고르세요. ( )

① 국가장의 뜻 ② 국경일의 종류
③ 국기 게양의 뜻 ④ 태극기를 다는 날

5 태극기를 깃대 끝까지 올려 달지 <u>않아야</u> 하는 날을 모두 고르세요. (,)

① 광복절   ② 현충일   ③ 한글날   ④ 국가장 기간

18

농민의 생계를 위협하는 쌀 소비량 감소

1 '한국인은 *밥심으로 산다'는 말이 이제는 점차 옛말이 되어 가고 있다. 2023년 우리나라 1인당 *연간 쌀 소비량은 56.4킬로그램으로 30년 전과 비교하면 절반 가량 줄어들었다. 이렇게 쌀 소비량이 감소하여 농민들이 경제적 어려움을 겪고 있다. 소득이 줄어 *생계에 위협을 받고, 쌀농사를 포기해야 하는 상황에까지 놓인 것이다.

중심 문장 (　　　　　　　　　　　　　　　) 농민들이 경제적 어려움을 겪고 있다.

2 쌀 소비량이 감소하는 이유 가운데 하나는 사람들이 건강이나 비만을 걱정해서 쌀밥을 잘 먹지 않고, 예전보다 밀가루 음식을 더 많이 먹기 때문이다. 따라서 쌀 소비량을 늘리려면 먼저 쌀의 *효능에 대한 홍보를 강화해야 한다. 쌀은 탄수화물 외에도 단백질, 비타민, 미네랄 등 다양한 영양소를 가지고 있고, 밀가루보다 건강에 더 좋다. 쌀에 있는 탄수화물은 밀가루에 있는 탄수화물보다 우리 몸에 느리게 흡수되고, 쌀에 있는 단백질은 밀가루에 있는 단백질보다 몸 안에서의 이용률이 높다. 이와 같은 사실을 모르는 사람들이 많으므로 널리 알릴 필요가 있다.

중심 문장 (　　　　　　　　　　　　　　　　　　　　　　　　　　　).

3 쌀 소비량을 늘리기 위해서는 다양한 기능성 쌀과 쌀 *가공식품을 개발하는 것도 필요하다. 다이어트용 쌀이나 특정 질병을 가진 사람들을 위한 쌀 등 다양한 기능성 쌀을 개발해야 한다. 또 간편하게 조리할 수 있는 쌀 가공식품 개발에도 힘써야 한다. 아침밥을 거르는 사람들이 간편하고 맛있게 먹을 수 있도록 쌀을 이용한 아침 간편식을 다양하게 개발하는 것도 좋다.

중심 문장 쌀 소비량을 늘리기 위해서는 (　　　　　　　　　　)을 개발하는 것도 필요하다.

4 쌀 수출을 확대하는 것도 쌀 소비량을 늘리는 데에 도움이 된다. 최근 김밥이나 비빔밥 등 케이푸드(K-Food)가 큰 인기를 끌고 있다. 우리 음식과 함께 우리 쌀을 수출할 수 있는 좋은 기회이다. 우리 쌀의 우수성을 적극적으로 알려 쌀 수출을 늘리려는 노력이 필요하다.

중심 문장 (　　　　　　　　　　　　)도 쌀 소비량을 늘리는 데에 도움이 된다.

어휘 뜻
*밥심: 밥을 먹고 나서 생긴 힘.
*연간: 한 해 동안.
*생계: 살림을 꾸리고 살아가는 방법이나 형편.
*효능: 좋은 결과를 나타내는 능력.
*가공식품: 농산물, 축산물, 수산물 따위를 인공적으로 처리하여 만든 식품.

---

1 빈칸에 알맞은 말을 넣어 이 글의 핵심어를 완성하세요.

(　　　　　　　　　)을/를 해결하는 방법

2 이 글의 짜임에 맞게 주요 내용을 정리하세요.

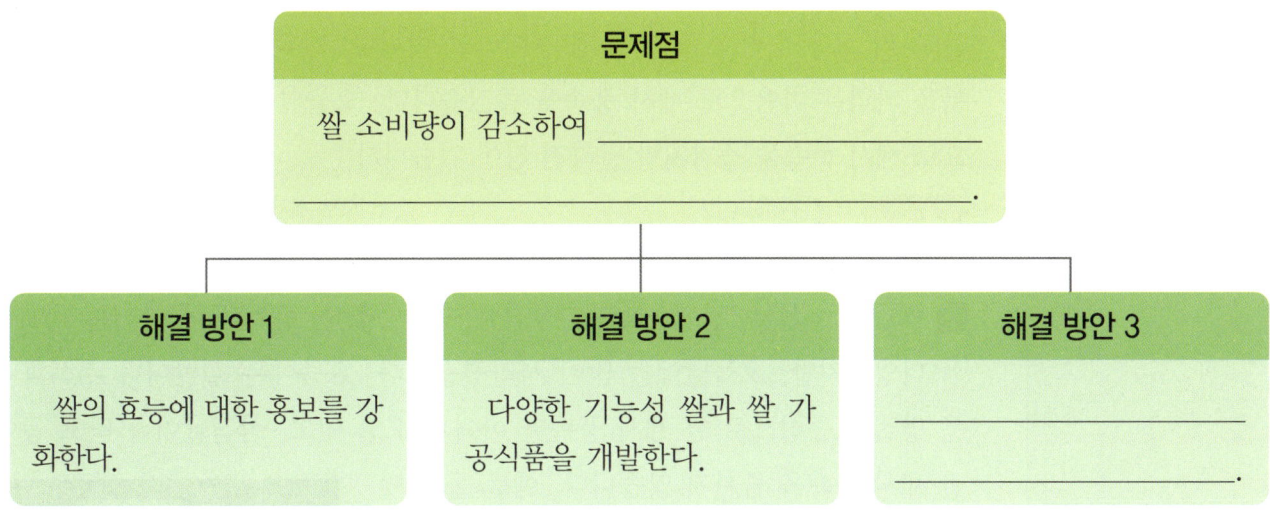

문제점

쌀 소비량이 감소하여 _____
_____.

해결 방안 1

쌀의 효능에 대한 홍보를 강화한다.

해결 방안 2

다양한 기능성 쌀과 쌀 가공식품을 개발한다.

해결 방안 3

_____
_____.

3 앞에서 정리한 내용을 바탕으로 이 글의 내용을 요약해 쓰세요.

쌀 소비량이 감소하여 농민들이 경제적 어려움을 겪고 있다. _____
_____
_____. 또 쌀 수출을 확대해야 한다.

 독해 정복!

4 농민들이 경제적 어려움을 겪는 까닭으로 알맞은 것을 고르세요. (   )

① 쌀 소비량이 증가해서　　　　　② 쌀 소비량이 감소해서
③ 쌀 수출량이 감소해서　　　　　④ 쌀 생산량이 감소해서

5 쌀 소비량을 늘리는 방법으로 알맞은 것을 찾아 ○표 하세요.

(1) 쌀값을 내려서 쌀 수출을 확대한다. (   )

(2) 쌀의 다양한 효능을 적극적으로 홍보한다. (   )

(3) 쌀을 이용한 상품을 개발하는 것을 제한한다. (   )

사회 19

옛날과 오늘날의 세시 풍속

1 설날에 세배를 하고 떡국을 먹는 것처럼 해마다 일정한 날이나 계절에 반복하는 우리 고유의 *풍속을 '*세시 풍속'이라고 합니다. 우리 조상들은 가족의 건강과 복을 바라는 마음으로 세시 풍속을 즐겼습니다. 오늘날 우리도 옛날과 같은 마음으로 세시 풍속을 즐기지만 달라진 점이 있습니다.

중심 문장 오늘날 우리도 (   )으로 세시 풍속을 즐기지만 달라진 점이 있습니다.

2 옛날에는 설날, 정월 대보름, 삼짇날, 단오, 추석, 동지 등에 즐기는 세시 풍속이 다양했지만, 오늘날에는 많이 사라졌습니다. 요즘에는 설날이나 추석과 같은 큰 명절을 중심으로 한 세시 풍속만 이어져 오고 있고, 삼짇날이나 단오 등에 했던 세시 풍속을 즐기지 않습니다. 예를 들어 옛날에는 음력 3월 3일 삼짇날에 진달래꽃으로 화전을 만들어 먹었지만, 요즘에는 삼짇날이 되어도 화전을 만들어 먹지 않습니다. 또 더위가 시작되는 단오 무렵에 더위를 시원하게 보내라는 의미로 부채를 선물했던 세시 풍속도 지금은 거의 사라졌습니다.

▲ 진달래화전

중심 문장 (   ).

3 오늘날 달라진 세시 풍속의 모습은 또 있습니다. 옛날에는 일정한 날이나 계절에 알맞은 세시 풍속을 즐겼지만, 오늘날에는 아무 때나 즐깁니다. 옛날 우리 조상들은 주로 농사를 지어서 계절과 날씨가 중요했지만, 요즘 사람들은 여러 분야에서 다양한 일을 하고 계절의 영향을 적게 받으며 살고 있기 때문입니다. 옛날에 풍년을 빌면서 하던 줄다리기를 요즘에는 전통 놀이 체험으로 즐기고, 주로 더운 여름에 더위를 이겨 내기 위해 먹던 삼계탕을 요즘에는 계절에 관계 없이 먹고 싶을 때 먹습니다.

중심 문장 옛날에는 일정한 날이나 계절에 알맞은 세시 풍속을 즐겼지만, (   ).

어휘 뜻
*풍속: 옛날부터 그 사회에 전해 오는 생활 전반에 걸친 습관 따위를 이르는 말.
*세시: 한 해의 절기나 달, 계절에 따른 때.

---

1 빈칸에 알맞은 말을 넣어 이 글의 핵심어를 완성하세요.

(   )의 같은 점과 다른 점

2 이 글의 짜임에 맞게 주요 내용을 정리하세요.

	옛날의 세시 풍속	오늘날의 세시 풍속
같은 점	• 가족의 건강과 복을 바라는 마음으로 세시 풍속을 즐김.	
다른 점	• 세시 풍속이 다양함. • _____ _____.	• _____. • 세시 풍속을 아무 때나 즐김.

3 앞에서 정리한 내용을 바탕으로 이 글의 내용을 요약해 쓰세요.

> 오늘날도 옛날처럼 가족의 건강과 복을 바라는 마음으로 세시 풍속을 즐깁니다. _____
> _____
> _____.

독해 정복!

4 이 글의 제목과 바꾸어 쓸 수 있는 것을 고르세요. (   )

① 달라진 세시 풍속　　　　　　② 지혜로운 우리 조상
③ 세시 풍속이 뭐예요?　　　　　④ 옛날과 오늘날의 다른 점

5 이 글을 읽고 알 수 있는 사실로 알맞은 것을 찾아 기호를 쓰세요.

> ㉠ 오늘날에는 설날이나 추석과 같은 큰 명절에도 세시 풍속을 즐기지 않는다.
> ㉡ 옛날에는 오늘날과 달리 가족의 건강과 복을 바라는 마음으로 세시 풍속을 즐겼다.
> ㉢ 오늘날에는 계절의 영향을 덜 받고 다양한 일을 하며 살아서 세시 풍속을 아무 때나 즐긴다.

(   )

과학 20

잠자리의 한살이

1 동물이 태어나고 자라서 *자손을 남기는 과정을 '동물의 한살이'라고 한다. 사람이 엄마 배 속에서 태어나 어른이 되기까지 많은 과정을 거치는 것처럼 곤충도 알에서 깨어나 어른벌레가 되기까지 여러 번의 과정을 거친다. 알, 애벌레, 번데기 과정을 거쳐 어른벌레가 되면 완전 탈바꿈이고, 번데기 과정을 거치지 않으면 불완전 탈바꿈이다. 가을 들판 위를 날아다니는 잠자리는 불완전 탈바꿈을 하는 곤충이다.

➕ 중심 문장 ( ).

2 잠자리는 물이나 *수초 등에 알을 낳는다. 잠자리의 알은 시간이 지나면서 점점 갈색으로 변한다. 알에는 앞과 뒤가 있는데, 앞은 애벌레가 알을 깨고 나오는 부분이 된다. 잠자리의 알은 우렁이나 깔따구 애벌레에게 잡아먹히기도 한다.

중심 문장 잠자리는 ( ) 등에 알을 낳는다.

3 약 15일이 지나면 알에서 애벌레가 나온다. 잠자리의 애벌레를 '수채'라고 한다. 수채는 육식을 하기 때문에 턱이 발달했다. 물속에서 장구벌레나 실지렁이, 올챙이 등을 잡아먹는다. 몸이 점점 커져서 껍질이 작아지면 *허물을 벗는데, 이런 과정을 열 번 정도 거친다.

중심 문장 약 15일이 지나면 ( ).

4 애벌레가 어른벌레가 될 때가 되면 며칠 동안 먹이도 먹지 않게 되고, 날개가 만들어지는 곳이 부풀어 오른다. 또 물속에서 호흡하던 방식이 공기 호흡으로 바뀌게 된다. 공기 호흡을 잘하게 되면 어른벌레가 될 준비를 하기 위해 튼튼한 풀줄기나 나뭇가지에 매달린다. 그리고 머리, 가슴 부분이 점차 부풀어 오르면서 등이 쪼개진다. 마침내 애벌레는 껍질을 벗고 나와서 날개를 펴고 어른벌레가 된다.

▲ 껍질을 벗고 나오는 잠자리

중심 문장 애벌레는 껍질을 벗고 나와서 ( ).

어휘 뜻
*자손: 자신의 세대에서 여러 세대가 지난 뒤의 자녀를 통틀어 이르는 말.
*수초: 물속이나 물가에 자라는 풀.
*허물: 파충류, 곤충류 따위가 자라면서 벗는 껍질.

1 이 글의 핵심어를 쓰세요.

( )

2 이 글의 짜임에 맞게 주요 내용을 정리하세요.

| (   ) | → | 물이나 수초 등에 알을 낳음. | → | _____ _____ _____. | → | _____ 날개를 펴고 어른벌레가 됨. |

3 앞에서 정리한 내용을 바탕으로 이 글의 내용을 요약해 쓰세요.

> 잠자리의 한살이는 다음과 같다. _____,
> 약 15일이 지나면 알에서 애벌레가 나온다. _____
> _____.

 **독해 정복!**

4 이 글에서 설명하는 내용으로 알맞은 것을 고르세요. (   )

① 잠자리가 짝짓기를 하는 과정
② 식물과 동물의 한살이의 공통점과 차이점
③ 잠자리가 알에서 어른벌레가 되기까지의 과정
④ 완전 탈바꿈과 불완전 탈바꿈을 하는 곤충의 예

5 잠자리의 한살이를 알맞게 설명하지 <u>못한</u> 것을 고르세요. (   )

① 애벌레는 열 번 정도 허물을 벗으며 자란다.
② 알, 애벌레, 어른벌레의 차례대로 불완전 탈바꿈을 한다.
③ 잠자리가 알을 낳고 15일 정도 지나면 알에서 애벌레가 나온다.
④ 물속에서 호흡을 잘하게 되면 껍질을 벗고 나와 어른벌레가 된다.

체육 21

스피드 스케이팅과 쇼트 트랙

1 스피드 스케이팅은 역사가 가장 오래된 동계* 스포츠로, 정확한 이름은 '롱 트랙 스피드 스케이팅'입니다. 스피드 스케이팅에서 시작된 쇼트 트랙은 '쇼트 트랙 스피드 스케이팅'이 정확한 이름입니다. 스피드 스케이팅과 쇼트 트랙은 스케이트를 신고 속도로 승부를 겨루는 빙상 경기라는 점이 같습니다.

중심 문장 스피드 스케이팅과 쇼트 트랙은 (   )
라는 점이 같습니다.

2 그러나 스피드 스케이팅과 쇼트 트랙은 경기장의 구조가 다릅니다. 스피드 스케이팅 경기장은 인코스*와 아웃코스*로 나뉘며, 선수들은 규칙에 따라 인코스와 아웃코스를 교차해* 돕니다. 그리고 직선 구간이 깁니다. 반면 쇼트 트랙 경기장은 특별한 구분이 없고, 직선 구간이 짧습니다.

중심 문장 (   ).

3 스피드 스케이팅과 쇼트 트랙은 경기 방식도 다릅니다. 스피드 스케이팅은 보통 두 명씩 짝을 지어 경기를 하는데, 각각 인코스와 아웃코스에서 동시에 출발하여 기록 경쟁을 합니다. 모든 선수들의 경기가 끝난 뒤, 기록이 가장 좋은 선수가 우승을 차지합니다. 반면에 쇼트 트랙은 여러 명의 선수가 함께 출발하고, 순위 경쟁을 합니다. 그래서 스피드 스케이팅은 '자신과의 싸움'이고, 쇼트 트랙은 '상대와의 싸움'이라고 말하기도 합니다.

중심 문장 (   ).

4 마지막으로 스피드 스케이팅과 쇼트 트랙은 선수들이 신는 스케이트의 구조가 다릅니다. 스피드 스케이팅은 얼음을 밀어 내는 힘을 높이기 위해 얼음을 지칠* 때 뒷부분이 날과 분리되는 스케이트를 신습니다. 쇼트 트랙은 코너를 잘 돌 수 있게 하기 위해 날이 왼쪽으로 살짝 휘어져 있는 스케이트를 신습니다.

중심 문장 (   ).

어휘 뜻
- *동계: 겨울의 시기.
- *인코스: 트랙의 안쪽 코스를 이르는 말.
- *아웃코스: 트랙의 바깥쪽 코스를 이르는 말.
- *교차하다: 서로 엇갈리거나 마주치다.
- *지치다: 얼음 위를 미끄러져 달리다.

1 이 글의 핵심어를 쓰세요.

(   )

2 이 글의 짜임에 맞게 주요 내용을 정리하세요.

		( )	( )
같은 점		• _____	
다른 점	( )	• _____ • _____	• _____ • _____
	( )	• _____ • _____	• _____ • _____
	( )	• _____	• _____

3 앞에서 정리한 내용을 바탕으로 이 글의 내용을 요약해 쓰세요.

_____
_____
_____

> 독해 정복!

4 스피드 스케이팅과 쇼트 트랙의 공통점이 <u>아닌</u> 것을 고르세요. (   )

① 빙상 경기이다.   ② 기록 경쟁을 한다.
③ 스케이트를 신는다.   ④ 속도로 승부를 겨룬다.

5 다음 중 쇼트 트랙 경기를 보고 와서 말한 친구를 찾아 ○표 하세요.

(1) 강혁: 우리나라 선수가 먼저 인코스에서 경기를 시작했어. (   )
(2) 주영: 직선 구간이 짧아서 코너를 돌 때의 기술이 중요해 보였어. (   )
(3) 이안: 선수들이 신은 스케이트를 자세히 봤는데, 뒷부분이 날과 분리되더라. (   )

책은 어떻게 만들어질까요?

1 옛날에는 활자를 이용해 책을 만들었습니다. 그러나 요즘은 컴퓨터와 인쇄 기계를 이용해 옛날보다 편리하게 책을 만듭니다. 그렇다고 책을 만드는 일이 간단한 것은 아닙니다. 책은 많은 과정을 거쳐 만들어집니다.

중심 문장 책은 (　　　　　　　　)을 거쳐 만들어집니다.

2 책을 만들기 위해서는 가장 먼저 기획 회의를 합니다. 출판사의 편집자와 작가가 한자리에 모여 새로 만들 책에 대해 회의를 합니다. 기획 의도나 출판 목적에 대한 의견을 나누고, 책의 주제와 구성, 흐름, 원고의 방향 등을 결정합니다.

중심 문장 책을 만들기 위해서는 (　　　　　　　　　　　　　　　).

3 기획 회의가 끝나면 원고 작업을 진행합니다. 작가는 기획 회의에서 결정된 사항에 맞게 원고를 쓰고, 편집자의 의견을 반영하여 원고를 수정합니다. 내용을 걷어 내거나 추가하기도 하고, 문장을 매끄럽게 다듬으면서 원고의 완성도를 높입니다.

중심 문장 (　　　　　　　　　　　　　　　　　　　　).

4 원고가 완성되면 편집 디자인을 진행합니다. 책의 표지와 내부의 디자인을 완성하고, 완성된 틀에 원고를 앉히는 과정입니다. 책으로 펴내기에 알맞게 틀을 다듬고, 그림이나 사진을 넣기도 하면서 보기 좋게 꾸밉니다. 본격적으로 책의 모양을 갖추면서 교정을 보기도 합니다.

중심 문장 (　　　　　　　　　　　　　　　　　　　　).

5 출판사에서 모든 과정을 마친 뒤에는 인쇄하여 책으로 만듭니다. 컴퓨터로 편집한 내용을 인쇄소로 보내 인쇄하고, 제본소에서 낱장의 종이를 묶어 책으로 만듭니다. 이렇게 완성된 책은 서점이나 도서관을 통해 우리가 읽을 수 있게 됩니다.

▲ 인쇄하는 모습

중심 문장 (　　　　　　　　　　　　　　　　　　　　).

어휘 뜻

*활자: 인쇄를 하기 위해 네모기둥 모양의 금속 윗면에 문자나 기호를 볼록 튀어나오게 새긴 것.

*기획: 일을 꾀하여 계획함.

*편집자: 일정한 계획 아래 신문, 잡지, 책 따위를 만드는 일을 하는 사람.

*교정: 원고와 인쇄물을 대조하여 글자가 잘못되거나 틀리게 인쇄된 것, 배열이나 색이 잘못된 것 등을 바르게 고침.

1 이 글의 핵심어를 쓰세요.

(　　　　　　　　)

2 이 글의 짜임에 맞게 주요 내용을 정리하세요.

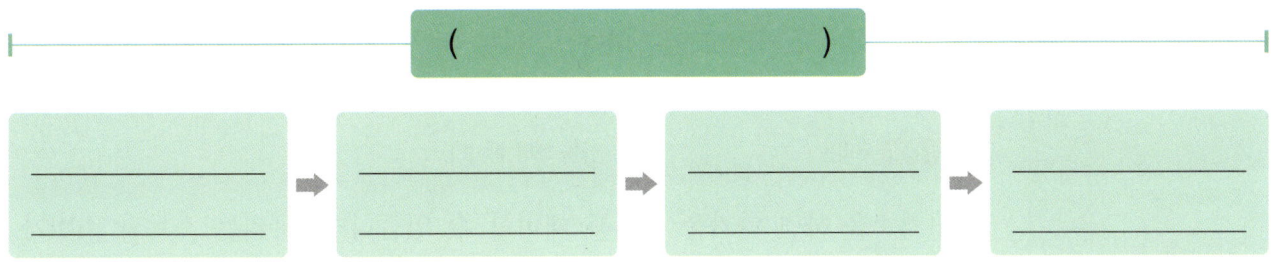

3 앞에서 정리한 내용을 바탕으로 이 글의 내용을 요약해 쓰세요.

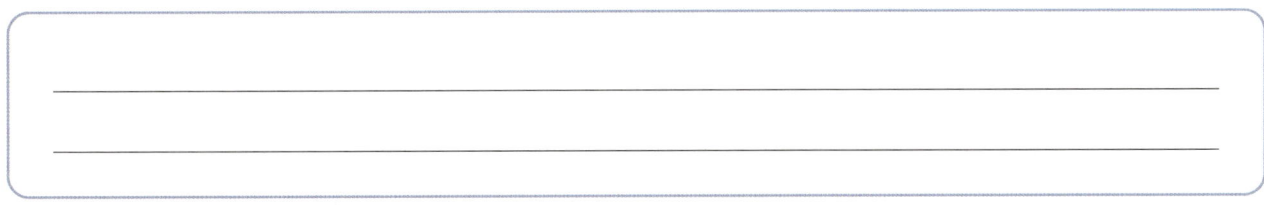

4 책을 만드는 과정에 맞게 차례대로 번호를 쓰세요.

(1) 인쇄한 종이를 묶어 책으로 만든다. (　　)
(2) 완성된 디자인에 원고를 앉히고, 보기 좋게 꾸민다. (　　)
(3) 기획 회의를 통해 책의 주제나 구성 등을 결정한다. (　　)
(4) 작가가 원고를 쓰고, 편집자의 의견을 반영해 원고를 수정한다. (　　)

5 다음 대화 내용과 관련 있는 문단을 고르세요. (　　)

> 예서: 이번 책은 멸종 위기에 처한 동물에 대한 내용이면 좋을 것 같아요.
> 도경: 네. 그런데 단순히 정보만 전달하지 말고 멸종 위기 동물을 지키기 위해 노력해야 한다는 내용도 담으면 좋겠어요.

① 1문단　　② 2문단　　③ 3문단　　④ 4문단

모두를 위한 저축

1. 저축은 벌어들인 돈 중에서 쓰지 않고 남은 부분을 말합니다. 절약하여 모아 둔다는 의미도 가지고 있습니다. 우리는 돈을 아껴서 저축을 해야 합니다. 저축을 하면 좋은 점이 많기 때문입니다.

중심 문장 우리는 (　　　　　　　　)을 해야 합니다.

2. 저축을 하면 다가올 미래를 대비할 수 있습니다. 우리는 소득과 소비가 항상 *일정한 것은 아닙니다. 현재의 소득보다 더 큰 소비를 해야 할 수도 있고, 소득이 아예 없는 상황이 생길 수도 있습니다. 그래서 미래에 돈을 써야 할 상황에 대비하기 위해 저축을 해야 합니다. 저축을 해서 돈을 미리 모아 놓으면 돈이 많이 드는 물건을 사거나 일을 할 때 쓸 수 있습니다. 또 예상하지 못한 사고를 당하거나 아파서 큰돈이 들어가야 할 때 쓸 수도 있습니다. 늙어서 일을 하지 못할 때에도 도움이 됩니다.

중심 문장 (　　　　　　　　　　　　　　　　　　).

3. 내가 한 푼 두 푼 열심히 한 저축이 나라의 경제에 도움이 되기도 합니다. 여러 사람이 은행에 저축을 하면 은행은 큰돈을 가지게 됩니다. 은행은 이 돈을 기업이나 돈이 필요한 사람들에게 빌려줍니다. 기업은 그 돈을 빌려 새로운 사업을 하거나 *생산을 늘릴 수 있습니다. 그러면 일자리가 늘어나고 가정의 소득도 늘어나 결국 나라 전체의 경제가 자라나게 됩니다.

중심 문장 (　　　　　　　　　　　　　　　　　　).

4. 이처럼 저축을 하면 좋은 점이 많습니다. 나의 미래를 위해 꾸준히 저축을 하다 보면 나라의 경제에도 도움이 됩니다. 나 자신과 가족, 나라를 위해 저축을 합시다.

중심 문장 나 자신과 가족, 나라를 위해 저축을 합시다.

어휘 뜻
*소득: 일정 기간 동안에 정해진 일을 하고 그 대가로 받는 수입.
*일정하다: 어떤 것의 양, 성질, 상태, 계획 따위가 달라지지 않고 한결같다.
*생산: 사람이 생활하는 데 필요한 물건을 만듦.

1 이 글의 핵심어를 쓰세요.

(　　　　　　　)

2 이 글의 짜임에 맞게 주요 내용을 정리하세요.

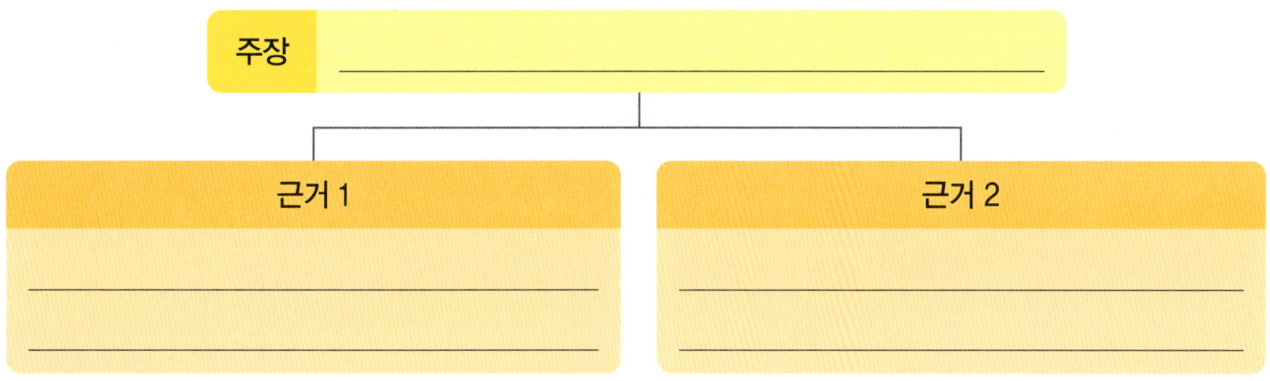

3 앞에서 정리한 내용을 바탕으로 이 글의 내용을 요약해 쓰세요.

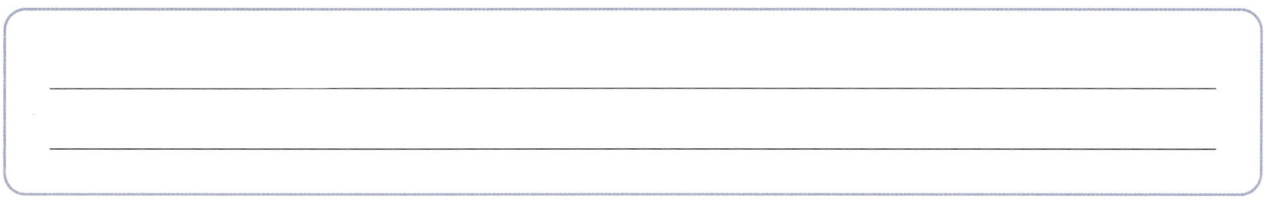

4 이 글에 대한 설명으로 알맞지 않은 것을 찾아 기호를 쓰세요.

㉮ 저축을 해야 한다는 주장을 펼치기 위해 쓴 글이다.
㉯ 2문단과 3문단은 저축을 하면 좋은 점에 대해 알려 주고 있다.
㉰ 2문단, 3문단, 4문단에서 글쓴이의 주장에 대한 근거를 제시하고 있다.

(   )

5 이 글에 추가할 수 있는 근거로 알맞은 것을 고르세요. (   )

① 저축을 하는 방법은 다양하다.
② 저축을 하면 낭비를 막을 수 있다.
③ 돈을 모조리 저축하는 것도 바람직하다고 할 수 없다.
④ 우리나라의 은행 중에는 일반 사람들이 저축을 할 수 없는 은행도 있다.

과학 24

염화칼슘의 변신

1 지우개를 만드는 고무나 클립을 만드는 금속과 같이 물체를 만드는 재료를 '물질'이라고 합니다. 우리 주변에는 많은 물질이 다양하게 쓰이고 있습니다. 그중 겨울철 눈이 내린 날 아주 유용하게 쓰이는 물질이 있습니다. 바로 염화칼슘입니다. 염화칼슘은 우리의 뼈 속에 있는 칼슘과 화학 물질인 염소가 결합하여 만들어진 하얀 고체 물질입니다. 염화칼슘이 어떻게 쓰이는지 알아봅시다.

중심 문장 (   )이 어떻게 쓰이는지 알아봅시다.

2 첫째, 염화칼슘은 도로에 쌓인 눈을 녹이는 제설제로 쓰입니다. 염화칼슘은 주변 습기를 빨아들이며 스스로 녹을 때 열을 내뿜는 성질이 있기 때문입니다. 눈이 내려 미끄러운 곳에 염화칼슘을 뿌리면 얼음이 녹고, 물이 다시 어는 것을 막아 줍니다.

중심 문장 (   ).

▲ 염화칼슘을 뿌리고 있는 제설차

3 둘째, 염화칼슘은 습기를 제거하는 제습제를 만드는 데 쓰이기도 합니다. 장마철에 신발장이나 옷장은 축축한 공기가 갇혀 있어 곰팡이가 생기기 쉽습니다. 이때 염화칼슘을 이용해 만든 제습제를 넣어 놓으면 곰팡이가 생기는 것을 막을 수 있습니다.

중심 문장 (   ).

4 셋째, 염화칼슘은 링거액이나 주사제를 만드는 데에도 쓰입니다. 염화칼슘은 칼슘을 포함하고 있고 우리 몸에 흡수가 빠르게 되기 때문입니다. 적절한 농도의 염화칼슘은 칼슘이 부족한 환자들에게 도움이 됩니다.

중심 문장 (   ).

5 이밖에도 염화칼슘이 쓰이는 곳은 많습니다. 우리는 염화칼슘의 성질을 이용하여 다양하게 쓰고 있습니다.

중심 문장 우리는 염화칼슘의 성질을 이용하여 다양하게 쓰고 있습니다.

어휘 뜻

*유용하다: 쓸모가 있다.
*염소: 자극적인 냄새가 나고 쉽게 액체로 변하여 소독제, 산화제, 표백제 등으로 쓰는 누르스름한 기체.
*농도: 용액 따위의 진함과 묽음의 정도.

1 이 글의 핵심어를 쓰세요.

(   )

2 이 글의 짜임에 맞게 주요 내용을 정리하세요.

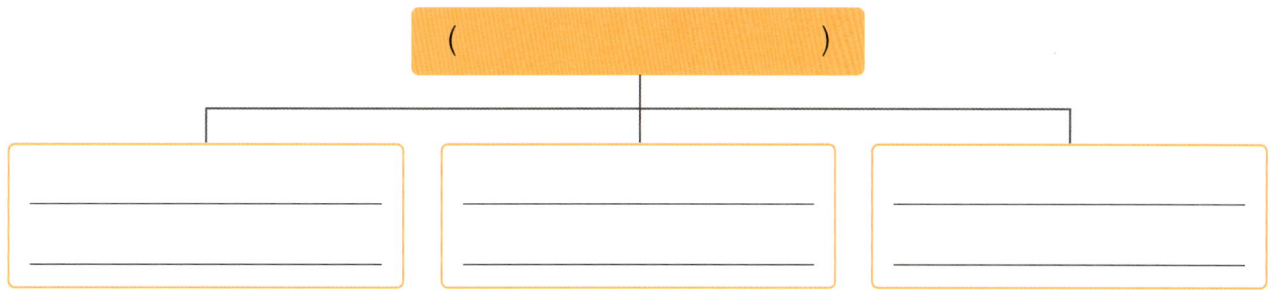

3 앞에서 정리한 내용을 바탕으로 이 글의 내용을 요약해 쓰세요.

 독해 정복!

4 염화칼슘에 대한 설명으로 알맞지 <u>않은</u> 것을 고르세요. (　　)

① 주변 습기를 빨아들이고, 녹을 때 열을 내뿜는다.
② 하얀색의 물질로, 칼슘과 염소가 결합하여 만들어졌다.
③ 제설제로 쓰이고, 제습제와 링거액, 주사제의 재료가 된다.
④ 염화칼슘의 농도를 진하게 할수록 우리 몸에 흡수가 빨리 된다.

5 빈칸에 들어갈 말을 알맞게 짝 지은 것을 고르세요. (　　)

> 염화칼슘은 　㉮　의 한 종류이다. 우리는 염화칼슘의 　㉯　을 이용하여 다양하게 사용하고 있다.

① ㉮: 물질, ㉯: 모양　　② ㉮: 물질, ㉯: 성질
③ ㉮: 물체, ㉯: 성질　　④ ㉮: 물체, ㉯: 모양

사회 25

다문화 가족을 포용하자

1 다문화 가족은 서로 다른 *국적이나 문화, 인종의 사람들로 구성된 가족을 말한다. 우리나라의 다문화 가족 인구는 2020년에 약 74만 명이었지만, 2050년에는 216만 명이 넘을 것이라고 한다. 이렇게 우리 사회에 다문화 가족의 수는 급격히 늘고 있다. 하지만 많은 다문화 가족이 의사소통, 문화적 차이, 사회적 *편견과 차별 등으로 어려움을 겪고 있다.

중심 문장 많은 다문화 가족이 (   ).

2 그동안 우리나라는 하나의 인종으로 구성된 단일 민족이라는 자부심 때문에 다른 인종이나 다른 문화를 가진 사람들을 받아들이기 어려웠다. 하지만 현재 다문화 가족은 우리 사회의 여러 가족 형태 중 하나로 자리 잡았다. 이제는 우리가 다문화 가족을 열린 마음으로 이해하고, 사이좋은 이웃으로 함께 살아가야 한다. 그래야 다문화 가족이 겪는 어려움을 해결할 수 있다.

중심 문장 이제는 우리가 다문화 가족을 열린 마음으로 이해하고, (   ).

3 다문화 가족을 위한 *지원을 강화하고, 제도나 법을 만드는 것도 필요하다. 우리말이 서툰 사람들을 위한 한글 교육이나 다문화에 대한 우리 사회의 이해를 높이기 위한 다문화 교육 등 다양한 교육 프로그램을 만들어야 한다. 또 다문화 가족에게 우리의 문화를 알려 주는 행사나 여러 문화를 체험할 수 있는 다문화 축제 등 다양한 문화 행사를 여는 것도 도움이 된다. 마지막으로 다문화 가족에 대한 사회적 차별을 금지하는 법을 만드는 것도 필요하다.

중심 문장 (   ).

4 다문화 가족은 우리 사회의 *저출산 문제와 *고령화 문제를 해결하는 방법이 될 수 있다. 그렇기 때문에 앞으로 더욱 다문화 가족을 배려하는 사회적 분위기가 필요하다. 다문화 가족의 어려움을 이해하고 해결하기 위해 노력하자.

중심 문장 (   ).

어휘 뜻
*국적: 한 나라의 구성원이 되는 자격.
*편견: 공정하지 못하고 한쪽으로 치우친 생각.
*지원: 지지하여 도움.
*저출산: 사회 전체적으로 아이를 적게 낳는 상태.
*고령화: 한 사회의 전체 인구 중 노인의 인구 비율이 높아지는 것.

1 이 글의 핵심어를 쓰세요.

(   )

2 이 글의 짜임에 맞게 주요 내용을 정리하세요.

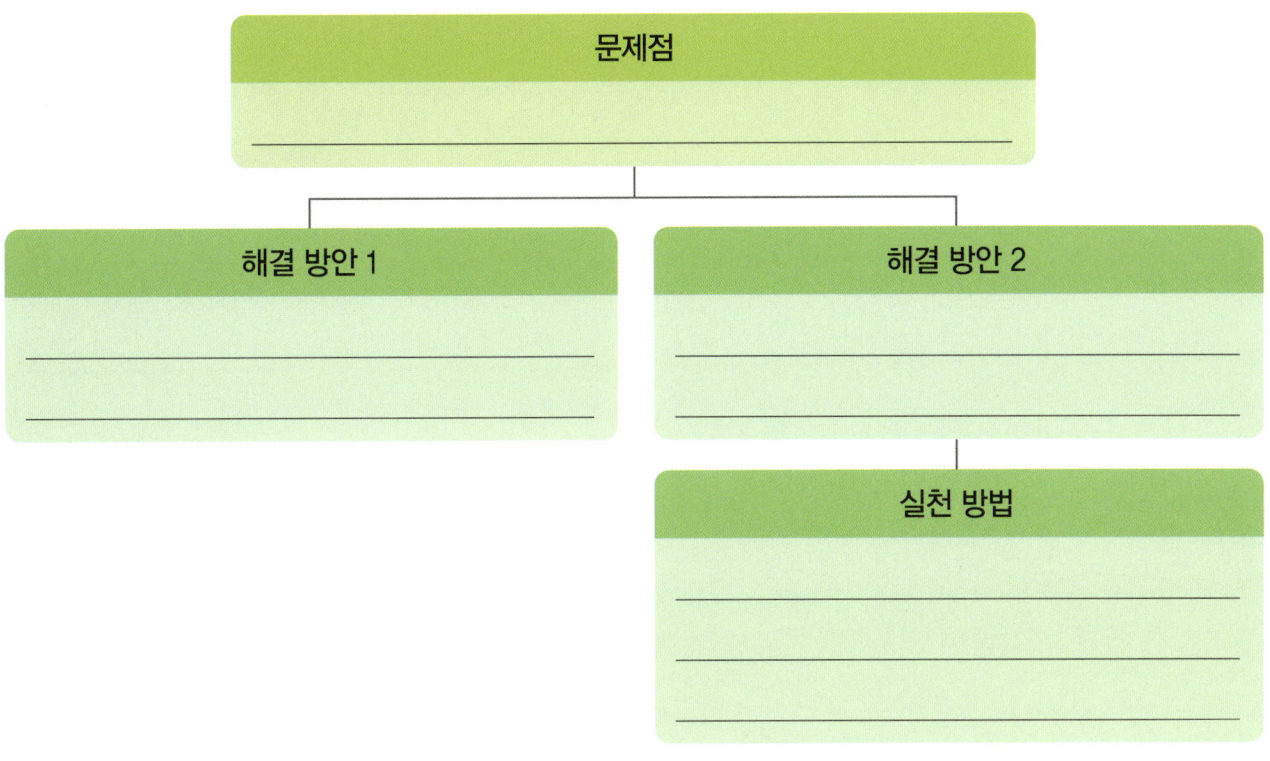

3 앞에서 정리한 내용을 바탕으로 이 글의 내용을 요약해 쓰세요.

 독해 정복!

4 이 글을 읽고 생각이나 느낌을 알맞게 말하지 <u>못한</u> 친구를 찾아 ×표 하세요.

(1) 수민: 글쓴이는 다문화 가족이 어려움을 겪는 상황을 문제라고 생각하는 것 같아. ( )

(2) 경림: 저출산과 고령화 문제를 해결해야 다문화 가족이 어려움을 겪지 않을 거야. ( )

(3) 현중: 학교에서 다문화에 대한 교육을 하면 다문화 가족을 이해하는 기회가 될 거야. ( )

이미지 출처

44쪽 두물머리 지도
 네이버 지도

그 외의 이미지는 셔터스톡 코리아에 사용료를 지불하고 실었습니다.

일러두기

* 맞춤법과 띄어쓰기는 국립국어원의 표준국어대사전을 기준으로 삼되, 초등학교 교과서의 표기를 참고했습니다.
* 외국의 인명과 지명은 국립국어원의 외래어 표기법을 기준으로 삼되, 이미 굳어진 외래어는 관용적인 표기를 따랐습니다.

요약독해의 힘

정답 및 해설

1권

기본

Day 01   12~17쪽

12~13쪽

❶ 무궁화 ❷ 암수 ❸ 용돈 기입장 ❹ 좋은 점 ❺ 안전 수칙

14~15쪽

1 **1** ③ **2** ② **3** ③ **4** ②

2 **1** 독도 **2** 필즈상 **3** 운동의 단계 **4** 등대의 색깔이 나타내는 의미

도움말 **1** 독도에 대해 설명하고 '독도'라는 말이 반복되어 나오고 있으므로, 이 글의 핵심어는 '독도'입니다.

2 필즈상이 어떤 상인지, 누가 만들었는지, 누구에게 주는지 등을 설명하고 있으므로, 이 글의 핵심어는 '필즈상'입니다.

3 운동의 단계를 세 가지로 나누어 설명하고 있으므로, 이 글의 핵심어는 '운동의 단계'입니다.

4 빨간색과 하얀색 등대가 나타내는 의미를 설명하고 있으므로, 이 글의 핵심어는 '등대의 색깔이 나타내는 의미'입니다.

16~17쪽

3 **1** ② **2** ③ **3** ②

도움말 **1** 콩나물을 키우는 방법을 순서대로 설명하고 있으므로, 이 글의 핵심어는 '콩나물을 키우는 방법'입니다.

2 나라마다 사용하는 문장 부호가 어떻게 다른지 설명하고 있으므로, 이 글의 핵심어는 '나라마다 다른 문장 부호'입니다.

3 돈이 우리가 살아가는 데 필요한 까닭을 세 가지로 나누어 설명하고 있으므로, 이 글의 핵심어는 '돈이 필요한 까닭'입니다.

4 **1** 유래 **2** 예 감기와 독감 **3** 원리

도움말 **1** 송편이 어떻게 만들어졌는지 유래를 설명하고 있으므로, 이 글의 핵심어는 '송편의 유래'입니다.

2 감기와 독감의 공통점과 차이점을 설명하고 있으므로, 이 글의 핵심어는 '감기와 독감의 공통점과 차이점'입니다.

3 나침반이 어떤 원리로 작동하는지 설명하고 있으므로, 이 글의 핵심어는 '나침반의 원리'입니다.

Day 02   18~23쪽

18~19쪽

❶ 우리나라는 계절에 따라 강우량의 변화도 큽니다
❷ 우리나라는 계절에 따라 불어오는 바람도 다릅니다
❸ 귀신을 쫓는 음식 ❹ 독서 감상문

20~21쪽

1 **1** ㉠ **2** ㉡ **3** ㉠ **4** ㉡

2 **1** 불은 인류의 삶을 크게 바꾸어 놓았습니다. **2** 손가락으로 코를 파면 안 됩니다. **3** 우리 조상들은 다양한 농기구를 사용했다. **4** 최근 많은 기업들이 플라스틱 쓰레기를 줄이기 위한 노력을 하고 있다.

22~23쪽

3 **1** ① **2** ② **3** ①

도움말 **1** 첫 번째 문장이 중심 문장입니다. '우리 생활 곳곳에서'는 중요한 내용이 아니기 때문에 삭제할 수 있습니다. 뒤에 나오는 '다양하게'만 넣어서 중심 내용을 정리해도 됩니다.

2 마지막 문장이 중심 문장입니다. '들소, 사슴, 염소와 같은'은 원시인들이 그린 동물의 예에 해당하므로 삭제할 수 있습니다.

3 마지막 문장이 중심 문장입니다. '동물을 가두어 두는'은 '동물원'을 덧붙여 설명하는 내용이기 때문에 중요하지 않으므로 삭제할 수 있습니다.

4 **1** 예 순대 **2** 예 다양한 재료 **3** 예 신분에 따라 밥상이 달랐다

도움말 **1** 첫 번째 문장이 중심 문장입니다. '우리 조상들이 먹던 음식 중 하나인'은 '순대'를 덧붙여 설명하는 내용이기 때문에 중요하지 않으므로 삭제할 수 있습니다.

2 첫 번째 문장이 중심 문장입니다. '종이, 사진, 잡지 등'은 콜라주에 쓰이는 다양한 재료의 예에 해당하므로 삭제할 수 있습니다.

3 첫 번째 문장이 중심 문장입니다. '개인이 사회에서 가지는'은 '신분'을 덧붙여 설명하는 내용이기 때문에 중요하지 않으므로 삭제할 수 있습니다.

Day 03 24~29쪽

24~25쪽

❶ 종류 ❷ 피우는 ❸ 고사리, 이끼 ❹ 굴 프렌치토스트
❺ 달걀물 ❻ 굽기

26~27쪽

1

- 웃어른과 대화할 때 주의할 점
  - __공손한 태도__ (으)로 대화하기
  - __높임말__ 을/를 사용하여 대화하기

2

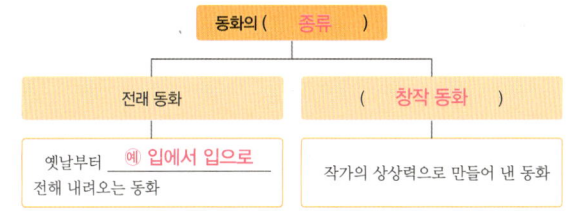
- 동화의 (종류)
  - 전래 동화: 옛날부터 ㉠ 입에서 입으로 전해 내려오는 동화
  - (창작 동화): 작가의 상상력으로 만들어 낸 동화

3

- 세계 3대 종교
  - 기독교 — ㉠ 하나님과 예수님 을/를 믿음.
  - (불교) — 부처님(석가모니)을 믿음.
  - 이슬람교 — 알라 을/를 믿음.

[도움말] 이 글은 나열 짜임의 글입니다. 먼저 중심 문장을 찾고, 뒷받침 문장에서 중요한 내용을 찾아 정리합니다.

28~29쪽

4

토론의 과정: 주장 펼치기 → 반론하기 → 주장과 근거 다지기 → 판정하기

5

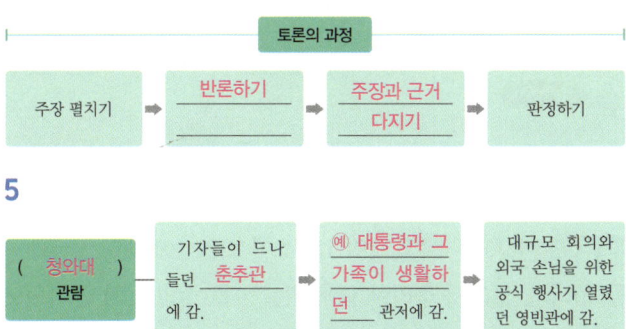
- (청와대) 관람
  - 기자들이 드나들던 춘추관 에 감.
  - ㉠ 대통령과 그 가족이 생활하던 관저에 감.
  - 대규모 회의와 외국 손님을 위한 공식 행사가 열렸던 영빈관에 감.

[도움말] 이 글은 장소의 변화가 잘 나타난 글로, 시간 순서를 나타내는 말과 장소를 나타내는 말에 주의하여 정리합니다.

6

모기가 무는 과정
- 타액관을 피부에 꽂고 __피부를 마취시키는 물질__ 을/를 넣음.
- 톱날침 한 쌍과 바늘침 한 쌍을 이용해서 __㉠ 피부에 구멍을 냄__.
- __㉠ 흡혈관을 꽂아__ 본격적으로 피를 빨아들임.

Day 04 30~35쪽

30~31쪽

❶ ㉠ 가야금과 거문고 ❷ 손가락 ❸ ㉠ 현악기임 ❹ 6개 ❺ 문해력 ❻ 재미있는 책 ❼ 대화

32~33쪽

1

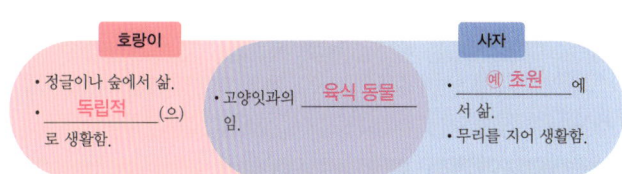
- 호랑이: 정글이나 숲에서 삶. __독립적__ (으)로 생활함.
- 공통: 고양잇과의 __육식 동물__ 임.
- 사자: ㉠ __초원__ 에서 삶. 무리를 지어 생활함.

2

	기침	(재채기)
공통점	이물질이 ㉠ 호흡기 을/를 자극해서 생기는 반응임.	
차이점	㉠ 기도 안으로 이물질이 들어오는 것을 막는 반응임. 성문이 닫혔다가 열림.	코 의 안쪽이 자극을 받아 나타나는 반응임. 비인강이 닫혔다가 열림.

3

		우리나라의 추석	중국의 중추절
같은 점		㉠ 음력 8월 15일임. 각 나라의 주요 명절임.	
다른 점	음식	㉠ 송편을 먹음.	월병을 먹음.
	제사를 지내는 대상	조상에게 제사를 지냄.	㉠ 달을 향해 제사를 지냄.
	(놀이)	씨름, 강강술래, 줄다리기 등을 함.	등놀이나 달맞이 등을 함.

[도움말] 이 글은 비교와 대조 짜임의 글입니다. 첫 번째 문단에서 같은 점을 찾아 정리하고, 나머지 문단에서 다른 점을 찾아 항목별로 나누어서 정리합니다.

34~35쪽

4

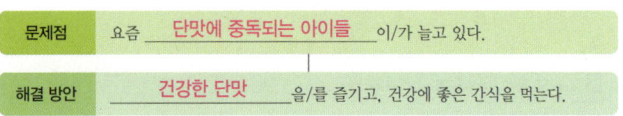

5

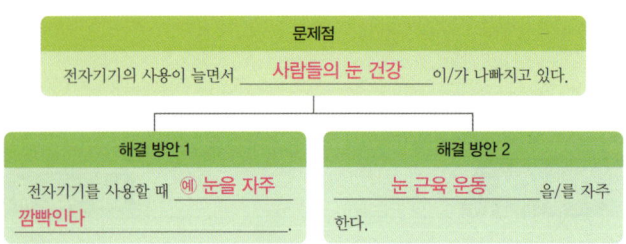

도움말 이 글은 문제와 해결 짜임의 글입니다. 첫 번째 문단의 중심 문장을 이용해서 문제점을 쓰고, 두 번째 문단과 세 번째 문단의 중심 문장을 이용해서 해결 방안을 씁니다.

6

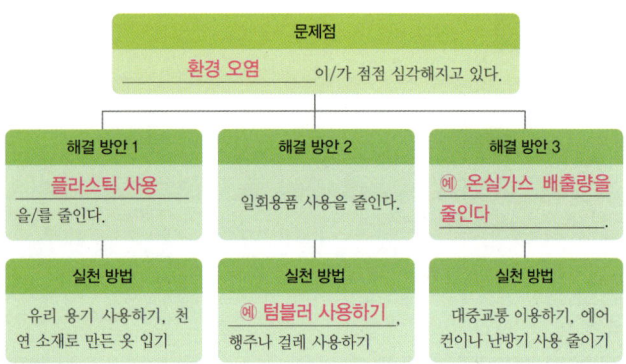

도움말 이 글은 문제와 해결 짜임의 글입니다. 첫 번째 문단에서 문제점을 찾아 정리하고, 나머지 문단에서 해결 방안과 실천 방법을 찾아 정리합니다. 해결 방안은 '첫째', '둘째', '셋째'로 시작하는 중심 문장에 나와 있고, 실천 방법은 뒷받침 문장에 나와 있습니다.

Day 05 36~41쪽

36~37쪽

❶ ㉠ 말미잘과 산호는 몸의 일부가 돋아나 번식한다
❷ ㉠ 잘 마른 봉숭아 꽃잎과 잎을 소금과 함께 곱게 빻은 다음, 손톱 위에 올리고 비닐로 감싼 뒤 실로 묶습니다

38~39쪽

1

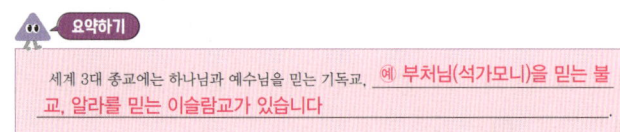

도움말 빈칸에는 불교와 이슬람교에 대한 내용을 씁니다. '~을/를 믿는 ○○교'처럼 표현하여 쉼표(,)로 연결하면 한 문장으로 간결하게 요약할 수 있습니다.

2

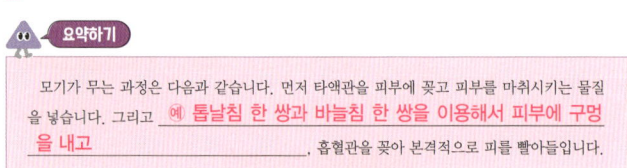

도움말 빈칸에는 두 번째 순서에 해당하는 내용을 씁니다. '-고'와 같은 이어 주는 말을 사용해서 뒤에 이어지는 세 번째 순서에 해당하는 내용과 한 문장으로 연결되도록 합니다.

40~41쪽

3

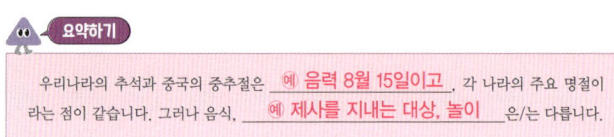

도움말 첫 번째 빈칸에는 우리나라의 추석과 중국의 중추절의 같은 점 중에서 빠진 내용을 씁니다. 이때 '-고'와 같은 이어 주는 말을 사용해서 같은 점이 한 문장으로 연결되도록 합니다. 두 번째 빈칸에는 다른 점 중에서 빠진 항목을 찾아 쉼표(,)로 연결해서 씁니다.

4

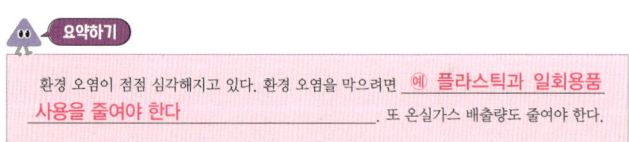

도움말 빈칸에는 해결 방안 1과 해결 방안 2에 해당하는 내용을 씁니다. 틀에서 정리한 내용에는 '~을 줄인다.'가 반복되므로 중복되는 내용을 삭제하고 한 문장으로 연결해서 쓰는 것이 좋습니다.

실전

Day 06 44~45쪽

중심 문장 쓰기
- 1문단 – 자료
- 2문단 – 자연환경
- 3문단 – 사람들의 생활 모습
- 4문단 – 고장의 특성

1 예 고장의 지명

2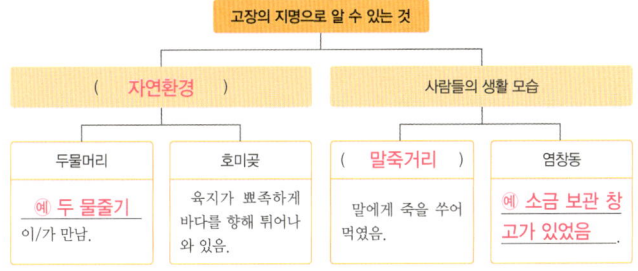

3 고장의 지명으로 예 자연환경과 사람들의 생활 모습 을/를 알 수 있습니다.

> 도움말 이 글의 내용을 한 문장으로 간결하게 요약할 수 있도록 '자연환경'과 '사람들의 생활 모습'을 '과'를 사용해서 연결합니다.

4 ①

> 도움말 ② 옛날 사람들이 고장의 지명을 짓기 위해 여러 가지 자료를 참고했다는 내용은 글에 나오지 않습니다. ③ '말죽거리'는 고장 사람들의 생활 모습을 알 수 있게 해 주는 지명입니다. ④ '두물머리'는 고장의 자연환경을 알 수 있게 해 주는 지명입니다.

5 ②

> 도움말 '얼음골'은 더운 여름에도 얼음이 얼 수 있는 자연환경을 가지고 있다는 것을 알려 주는 지명이므로, 고장의 지명으로 자연환경을 알 수 있다는 내용을 설명하는 ②문단의 예로 알맞습니다.

Day 07 46~47쪽

중심 문장 쓰기
- 1문단 – 등산로가 훼손되는 문제
- 2문단 – 뿌리가 드러난 나무
- 3문단 – 안내도와 팻말
- 4문단 – 자연 휴식년제

1 예 등산로가 훼손되는 문제

2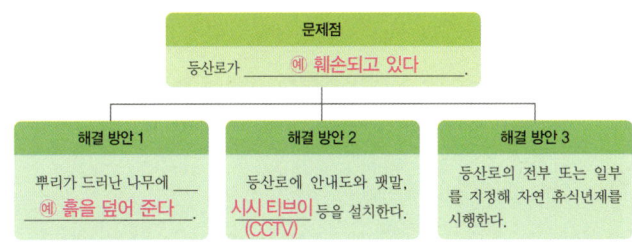

3 등산로가 훼손되고 있다. 이를 해결하려면 예 뿌리가 드러난 나무에 흙을 덮어 주고 , 등산로에 안내도와 팻말, 시시 티브이 등을 설치해야 한다. 또 예 등산로의 전부 또는 일부를 지정해 자연 휴식년제를 시행해야 한다 .

> 도움말 첫 번째 빈칸에는 해결 방안 1을 씁니다. '–고'와 같은 이어 주는 말을 사용해서 뒤에 이어지는 해결 방안 2와 한 문장으로 연결되도록 합니다. '또' 뒤에 있는 두 번째 빈칸에는 해결 방안 3을 씁니다.

4 ④

> 도움말 이 글은 문제와 해결 짜임의 글로, 등산로가 훼손되고 있는 문제 상황을 알리고 해결 방안을 설명하기 위해서 썼습니다.

5 (3) ○

> 도움말 국립 공원에 등산객이 출입하지 못하게 해야 한다는 내용은 글에 나오지 않으므로, (1)의 수영이는 글의 내용을 바르게 이해하지 못했습니다. 또 글에서 뿌리가 드러난 나무에 흙을 덮어 주어야 한다고 했으므로, (2)의 재민이도 글의 내용을 바르게 이해하지 못했습니다.

Day 08   48~49쪽

중심 문장 쓰기
1문단 – 공통점과 차이점
2문단 – 둥근 공 모양
3문단 – 태양의 주위를 도는 행성
4문단 – 물과 공기가 있지만

1 예 지구와 달

2

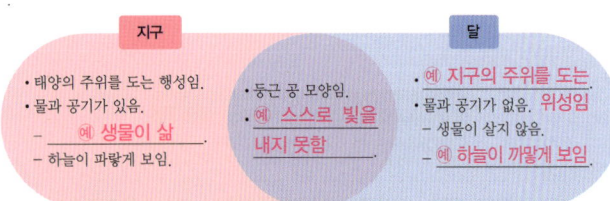

3

지구와 달은 ___예 둥근 공 모양___ (이)고, 스스로 빛을 내지 못한다는 공통점이 있습니다. 그러나 ___예 지구는 태양의 주위를 도는 행성이고 물과 공기가 있지만___, 달은 지구의 주위를 도는 위성이고 물과 공기가 없다는 차이점이 있습니다.

도움말 첫 번째 빈칸에는 지구와 달의 공통점 중에서 빠진 내용을 씁니다. 두 번째 빈칸에는 지구와 달의 차이점 중에서 지구에 해당하는 내용을 씁니다. 이때 '–지만', '~은/는 반면' 등을 사용해서 뒤에 이어지는 달에 해당하는 내용과 한 문장으로 연결되도록 합니다.

4 ③, ④

도움말 1문단은 설명할 대상을 소개했고, 2문단은 지구와 달의 공통점을, 3문단과 4문단은 지구와 달의 차이점을 설명했습니다.

5 (1) 달 (2) 지 (3) 지 (4) 공

도움말 (1) 공기가 없어서 하늘이 까맣게 보이는 것은 달입니다. (2) 생물이 살 수 있는 조건 중 하나인 물이 있는 것은 지구입니다. (3) 태양이 끌어당기는 힘 때문에 태양의 주위를 도는 행성은 지구입니다. (4) 스스로 빛을 내지 못하지만 태양 빛을 받아 반사하기 때문에 빛나는 것처럼 보이는 것은 지구와 달의 공통점입니다.

Day 09   50~51쪽

중심 문장 쓰기
1문단 – 곱셈구구
2문단 – 역사가 오래되었습니다
3문단 – 예 중국에서 우리나라를 거쳐
4문단 – ▲씩 커진다

도움말 3문단의 중심 문장은 마지막 문장입니다. '일본을 거쳐 우리나라로 전해진 것이 아니라'는 곱셈구구의 전파 과정을 좀 더 자세히 설명하기 위해 쓴 것으로, 중심 내용을 정리할 때 꼭 필요한 내용이 아니므로 삭제할 수 있습니다.

1 곱셈구구

2

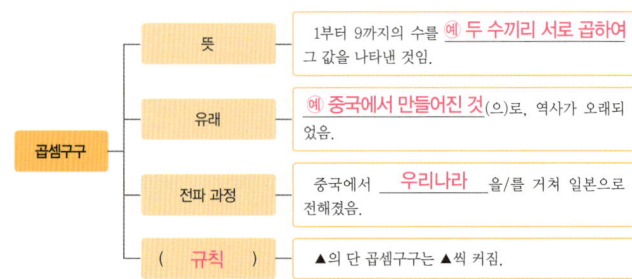

3

곱셈구구는 1부터 9까지의 수를 두 수끼리 서로 곱하여 그 값을 나타낸 것입니다. 중국에서 만들어진 것으로 역사가 오래되었고, 중국에서 우리나라를 거쳐 ___예 일본으로 전해졌습니다___. 곱셈구구의 규칙은 ___예 ▲의 단 곱셈구구는 ▲씩 커진다는 것입니다___.

도움말 첫 번째 빈칸에는 곱셈구구의 전파 과정 중에서 빠진 내용을 쓰고, 두 번째 빈칸에는 곱셈구구의 규칙을 씁니다.

4 ②

도움말 1문단은 '곱셈구구의 뜻', 3문단은 '곱셈구구의 전파 과정', 4문단은 '곱셈구구의 규칙'이 중심 내용입니다.

5 (2) ○

도움말 (1) 곱셈구구는 중국에서 만들어진 것으로, 역사가 오래되었다는 내용이 2문단에 나옵니다. 8세기경은 일본이 중국으로부터 곱셈구구를 받아들였다고 주장하는 시기입니다. (3) 곱셈구구는 일본에서 우리나라로 전파된 것이 아니라, 우리나라에서 일본으로 전파되었다는 내용이 3문단에 나옵니다.

Day 10 52~53쪽

중심 문장 쓰기
1문단 – 도토리
2문단 – 예 야생 동물의 겨울철 먹이
3문단 – 예 각종 곤충들의 산란 장소
4문단 – 피해를 끼치기 때문이다
5문단 – 예 도토리

도움말 2문단의 중심 문장은 첫 번째 문장입니다. '다람쥐, 청설모, 멧돼지 등과 같은'은 야생 동물의 예에 해당하므로 삭제할 수 있습니다. 3문단의 중심 문장은 첫 번째 문장입니다. '알을 낳는'은 '산란'의 뜻을 설명한 것이기 때문에 중요하지 않으므로 삭제할 수 있습니다. 5문단의 중심 문장은 마지막 문장입니다. '숲의 소중한 열매인'은 '도토리'를 꾸며 주는 말이기 때문에 중요하지 않으므로 삭제할 수 있습니다.

1 도토리

2

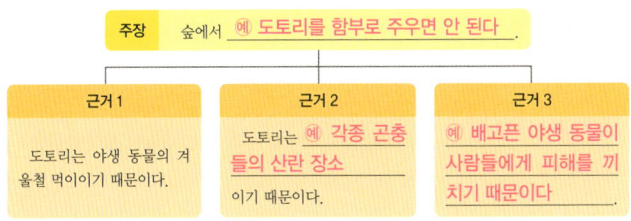

3

> 숲에서 도토리를 함부로 주우면 안 된다. 왜냐하면 예 도토리는 야생 동물의 겨울철 먹이이고, 각종 곤충들의 산란 장소이기 때문이다. 또 예 배고픈 야생 동물이 사람들에게 피해를 끼치기 때문이다

도움말 첫 번째 빈칸에는 근거 1을 씁니다. '-고'와 같은 이어 주는 말을 사용해서 뒤에 이어지는 근거 2와 한 문장으로 연결되도록 합니다. '또' 뒤에 있는 두 번째 빈칸에는 근거 3을 씁니다.

4 ④

도움말 이 글은 숲에서 도토리를 함부로 주우면 안 된다는 주장을 하기 위해 쓴 글이므로, ④가 글의 제목으로 알맞습니다.

5 ③

도움말 숲에서 도토리를 함부로 주우면 안 되는 까닭을 근거로 들어야 하므로, ③이 추가할 수 있는 근거입니다.

Day 11 54~55쪽

중심 문장 쓰기
1문단 – 전화기의 발전 과정
2문단 – 수동식 전화기
3문단 – 자동식 전화기
4문단 – 전자식 전화기
5문단 – 무선 전화

1 전화기

2

전화기의 (예 발전 과정)

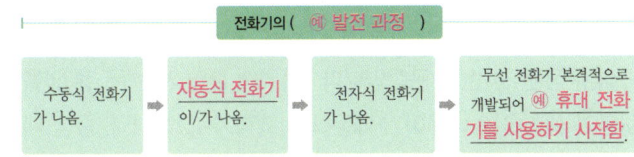

수동식 전화기가 나옴. → 자동식 전화기이/가 나옴. → 전자식 전화기가 나옴. → 무선 전화가 본격적으로 개발되어 예 휴대 전화기를 사용하기 시작함

3

> 전화기는 예 수동식 전화기, 자동식 전화기, 전자식 전화기 의 순서대로 발전했고, 이후 예 무선 전화가 본격적으로 개발되어 휴대 전화기를 사용하기 시작했습니다.

도움말 〈문제 2번〉에서 정리한 내용 중 세 번째 과정까지는 '~가 나옴.'이 반복됩니다. 따라서 첫 번째 빈칸에는 쉼표(,)를 사용해서 세 번째 과정까지 어떤 전화기가 나왔는지만 차례대로 간단히 씁니다. 그러면 중복되는 내용 없이 한 문장으로 간결하게 요약할 수 있습니다. '이후' 뒤에 있는 두 번째 빈칸에는 네 번째 과정에 해당하는 내용 중에서 빠진 것을 씁니다.

4 ㉡ → ㉣ → ㉢ → ㉠

도움말 전화기는 수동식 전화기, 자동식 전화기, 전자식 전화기, 휴대 전화기의 순서대로 발전했습니다.

5 ④

도움말 ① 전자식 전화기는 유선 전화입니다. ② 무선 전화가 본격적으로 개발되어 휴대 전화기를 사용할 수 있게 되었습니다. ③ 휴대 전화기는 초기에 지금과 같은 다양한 기능을 갖추지 못했고, 전화 통화만 할 수 있었습니다.

Day 12 56~57쪽

중심 문장 쓰기

1문단 – 동물을 모방하여 활용한 예
2문단 – ㉮ 거북선
3문단 – ㉮ 터틀볼
4문단 – ㉮ 홍합의 족사

도움말 2문단의 중심 문장은 첫 번째 문장입니다. '임진왜란 당시 큰 활약을 했던'은 '거북선'을 덧붙여 설명하는 내용이기 때문에 삭제할 수 있습니다. 3문단의 중심 문장은 두 번째 문장입니다. '~이라고 하는 골프공'은 '터틀볼'이 무엇인지 덧붙여 설명하는 내용이기 때문에 삭제할 수 있습니다. 4문단의 중심 문장은 첫 번째 문장입니다. '바위에 붙어 사는'은 '홍합'을 덧붙여 설명하는 내용이기 때문에 삭제할 수 있습니다. 중심 내용을 정리할 때 덧붙여 설명한 내용은 중요하지 않으므로 삭제할 수 있습니다.

1 모방

2

3

우리 생활 속에는 ㉮ <u>동물을 모방하여 활용한 예</u> 이/가 많습니다. 거북의 딱딱한 등딱지를 모방한 거북선, 거북의 등딱지 무늬를 모방한 터틀볼, ㉮ <u>홍합의 족사를 모방한 수술용 접착제</u> 등이 있습니다.

도움말 첫 번째 빈칸에는 핵심어를 쓰고, 두 번째 빈칸에는 수술용 접착제에 대한 내용을 씁니다.

4 ③

도움말 이 글의 제목은 '동물에게서 배운 과학 기술'이고, 이 글은 동물을 모방하여 활용한 예에 대해 설명하고 있으므로, ③이 제목으로 알맞습니다.

5 ②

도움말 동물을 모방하여 활용한 예에 해당하는 것이어야 하므로 ②가 알맞습니다. ③은 동물이 아니라 식물을 모방하여 활용한 예에 해당합니다.

Day 13 58~59쪽

중심 문장 쓰기

1문단 – 차이점도 있습니다
2문단 – 보호 장구
3문단 – 공격과 수비 방법
4문단 – 올림픽 정식 종목으로 채택된 시기

1 ㉮ 태권도와 가라테

2

		태권도	(가라테)
공통점		무기를 쓰지 않고 ㉮ 신체 각 부위를 이용해 상대방과 겨룸.	
차이점	(보호 장구)	몸통, 머리, 팔다리, 손발 보호대 등을 갖춤.	발목 보호대와 글러브를 갖춤.
	공격과 수비 방법	㉮ 좌우로 움직이고 뒤로 물러서기도 함. 피하거나 들이받은 힘을 반대로 이용해 반격하는 것을 선호함.	뒤로 물러서지 않음. 상대의 공격을 방어 기술로 막거나 맷집으로 버티는 것을 선호함.
	올림픽 정식 종목으로 채택된 시기	2000년 시드니 올림픽 이후 계속 채택됨.	㉮ 2020년 도쿄 올림픽 때 채택되었지만, 2024년 파리 올림픽 때는 채택되지 않음.

3

태권도와 가라테는 ㉮ <u>무기를 쓰지 않고</u> 신체 각 부위를 이용해 상대방과 겨룬다는 공통점이 있습니다. 그러나 ㉮ <u>보호 장구, 공격과 수비 방법, 올림픽 정식 종목으로 채택된 시기</u> 에는 차이점이 있습니다.

도움말 첫 번째 빈칸에는 태권도와 가라테의 공통점 중에서 빠진 내용을 쓰고, 두 번째 빈칸에는 태권도와 가라테는 어떤 점에서 차이점이 있는지 항목 세 가지를 쉼표(,)로 연결해서 씁니다.

4 ③

도움말 태권도는 2000년 시드니 올림픽 때 정식 종목으로 채택된 이후 계속 채택되었습니다. 그러나 가라테는 2020년 도쿄 올림픽 때 정식 종목으로 채택되었지만, 2024년 파리 올림픽 때는 채택되지 않았습니다.

Day 14   60~61쪽

중심 문장 쓰기
1문단 – 되지 않기 위해 노력해야 한다
2문단 – 올바른 식습관
3문단 – 올바른 생활 습관
4문단 – 지속적인 관심과 노력

1 소아 비만

2

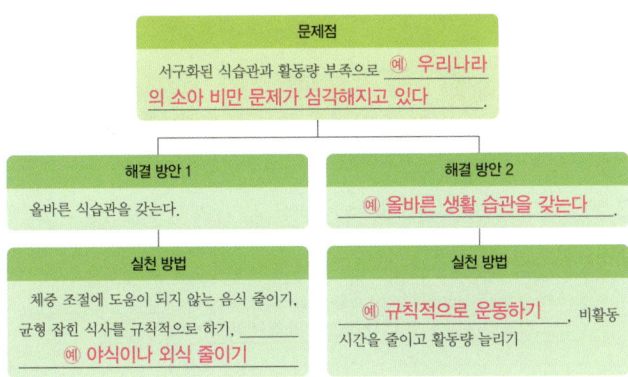

3

> 예 서구화된 식습관과 활동량 부족으로 우리나라의 소아 비만 문제가 심각해지고 있다. 소아 비만을 예방하려면 _____ 예 올바른 식습관과 생활 습관을 가져야 한다 _____.

도움말 첫 번째 빈칸에는 문제점에 해당하는 내용 중에서 빠진 내용을 씁니다. 두 번째 빈칸에는 해결 방안 1과 해결 방안 2를 써야 하는데, 〈문제 2번〉에서 정리한 해결 방안에는 '올바른'과 '~을 갖는다.'가 반복되므로 중복되는 내용을 삭제해서 한 문장으로 씁니다.

4 ③

도움말 2문단에서 성장기에 있는 어린이는 음식의 양을 무조건 줄이면 성장에 방해가 되므로 체중 조절에 도움이 되지 않는 음식을 줄이는 것이 바람직하다고 했습니다. 따라서 ③의 채운이가 한 말은 알맞지 않습니다.

Day 15   62~63쪽

중심 문장 쓰기
1문단 – 예 물감을 물에 풀어서 그리는 그림
2문단 – 수채 물감, 팔레트, 붓, 물통
3문단 – 예 수채화의 기법
4문단 – 수채화를 그릴 때 주의할 점

도움말 1문단의 중심 문장은 두 번째 문장입니다. '물감을 기름에 개어 그리는 유화와 달리'는 수채화와 유화의 다른 점을 설명한 것으로, 수채화의 뜻을 설명하는 문장에 꼭 필요한 내용이 아니므로 삭제할 수 있습니다. 3문단의 중심 문장은 첫 번째 문장입니다. '효과를 높이기 위한'은 수채화의 기법을 설명하는 문장에 꼭 필요한 내용이 아니므로 삭제할 수 있습니다.

1 수채화

2

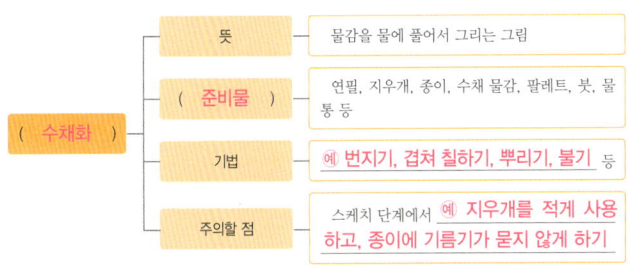

3

> 수채화는 예 물감을 물에 풀어서 그리는 그림이다. 수채화를 그릴 때 필요한 준비물은 연필, 지우개, 종이, 수채 물감, 팔레트, 붓, 물통 등이고, 예 수채화의 기법에는 번지기, 겹쳐 칠하기, 뿌리기, 불기 등이 있다. 수채화를 그릴 때에는 스케치 단계에서 지우개를 적게 사용하고, 종이에 기름기가 묻지 않게 해야 한다.

도움말 첫 번째 빈칸에는 수채화의 뜻을 쓰고, 두 번째 빈칸에는 수채화의 기법을 씁니다.

4 ③

도움말 ① 수채화의 뜻은 1문단에 나와 있고, 수채화의 준비물은 2문단에 나와 있습니다. ② 수채화와 유화의 다른 점은 1문단에 나와 있습니다. ④ 수채화의 기법은 3문단에 나와 있고, 수채화를 그릴 때 주의할 점은 4문단에 나와 있습니다.

5 (2) ○

도움말 (1) '번지기'는 칠한 물감이 마르기 전에 다른 색을 칠해 물감이 서로 번지도록 하는 기법입니다. (3) 스케치를 할 때에는 종이에 기름기가 묻지 않게 해야 합니다.

Day 16   64~65쪽

중심 문장 쓰기
■1 문단 – 어떤 점이 같고 어떤 점이 다른지
■2 문단 – 바다 포유류
■3 문단 – 앞다리가 짧습니다
■4 문단 – 귓바퀴가 있지만

1 예 물개와 물범

2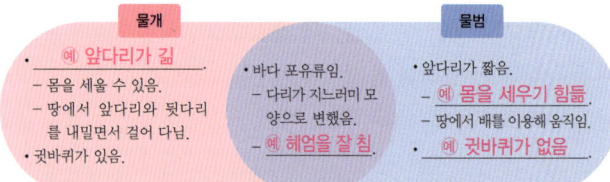

도움말 보라색 부분에 들어갈 물개와 물범의 같은 점은 ■2 문단에서 찾아 정리하고, 분홍색과 파란색 부분에 들어갈 물개와 물범의 다른 점은 ■3 문단과 ■4 문단에서 찾아 정리합니다.

3 물개와 물범은 예 바다 포유류라는 점이 같습니다. 하지만 물개는 앞다리가 길고 귓바퀴가 있는 반면, 예 물범은 앞다리가 짧고 귓바퀴가 없다는 점 이/가 다릅니다.

도움말 첫 번째 빈칸에는 물개와 물범의 같은 점을 씁니다. 두 번째 빈칸에는 물개와 물범의 다른 점 중에서 물범에 해당하는 내용을 '-고'와 같은 이어 주는 말을 사용해서 씁니다.

4 ④

도움말 ■3 문단과 ■4 문단에 물개와 물범의 모습이 어떻게 다른지 나와 있으므로, 물개와 물범을 구분하고 싶어 하는 서준이가 읽기에 가장 알맞습니다.

5 ㉰

도움말 ㉮ 귓바퀴가 없어서 체온이 떨어지는 것을 막을 수 있는 것은 물범입니다. ㉯ 물개와 물범은 모두 바다 포유류라서 물속에서 헤엄을 잘 칩니다.

Day 17   66~67쪽

중심 문장 쓰기
■1 문단 – 국어사전을 이용하면
■2 문단 – 낱말의 형태
■3 문단 – 낱말을 이루는 글자의 차례
■4 문단 – 내가 찾는 낱말의 뜻이 맞는지

1 예 낱말의 뜻

2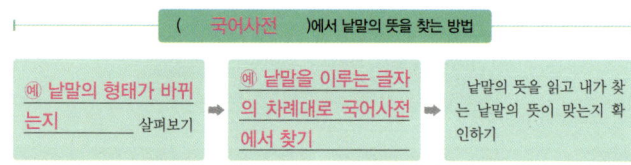

3 국어사전에서 낱말의 뜻을 찾으려면 먼저 예 낱말의 형태가 바뀌는지 살펴보고, 낱말을 이루는 글자의 차례대로 국어사전에서 찾습니다. 그런 다음 예 낱말의 뜻을 읽고 내가 찾는 낱말의 뜻이 맞는지 확인합니다.

도움말 첫 번째 빈칸에는 첫 번째 순서에 해당하는 내용을 씁니다. '-고'와 같은 이어 주는 말을 사용해서 뒤에 이어지는 두 번째 순서에 해당하는 내용과 한 문장으로 연결되도록 합니다. '그런 다음' 뒤에 있는 두 번째 빈칸에는 세 번째 순서에 해당하는 내용을 씁니다.

4 ②

도움말 국어사전에서 낱말의 뜻을 찾을 때 형태가 바뀌지 않는 낱말은 그대로 찾고, 형태가 바뀌는 낱말은 기본형으로 찾아야 합니다. 낱말의 기본형은 형태가 바뀌지 않는 부분에 '-다'를 붙여서 만듭니다.

5 ③

도움말 국어사전에 낱말이 어떤 순서대로 실려 있는지 설명한 문단은 ■3 문단입니다. '국어사전에 첫 자음자는 ~ 차례대로 실려 있습니다.'에 나와 있습니다.

Day 18 (68~69쪽)

중심 문장 쓰기
1문단 – ㉤ 음악의 기본 요소
2문단 – 리듬
3문단 – 멜로디
4문단 – 화음
5문단 – 음악의 기본 요소로 보지 않는

도움말 1문단의 중심 문장은 마지막 문장입니다. '뼈대가 되는'은 '기본 요소'를 덧붙여 설명하는 내용이기 때문에 중요하지 않으므로 삭제할 수 있습니다.

1 ㉤ 음악의 기본 요소

2
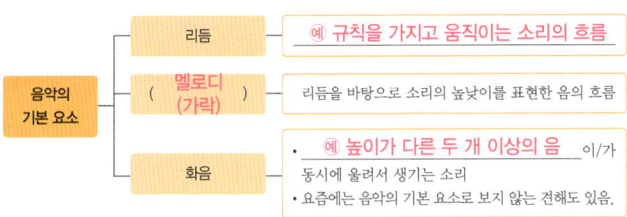

3
음악의 기본 요소는 ㉤ 리듬, 멜로디(가락), 화음이다.
그러나 요즘에는 ㉤ 화음을 음악의 기본 요소로 보지 않는 견해도 있다

도움말 첫 번째 빈칸에는 음악의 기본 요소 세 가지를 쉼표(,)로 연결해서 씁니다. 두 번째 빈칸에는 화음을 음악의 기본 요소로 보지 않는 견해가 있다는 내용을 씁니다.

4 ③

도움말 이 글은 음악을 이루는 기본 요소에 대해 설명하는 글이므로 ③이 제목으로 알맞습니다.

5 (1) 화음 (2) 리듬 (3) 멜로디(가락)

도움말 높이가 다른 두 개 이상의 음이 동시에 울려서 생기는 소리는 화음이므로, (1)은 화음과 관련 있습니다. 규칙을 가지고 움직이는 소리의 흐름은 리듬이므로, (2)는 리듬과 관련 있습니다. 리듬을 바탕으로 소리의 높낮이를 표현한 음의 흐름은 멜로디(가락)이므로, (3)은 멜로디(가락)와 관련 있습니다.

Day 19 (70~71쪽)

중심 문장 쓰기
1문단 – 우주 쓰레기
2문단 – ㉤ 우주 쓰레기
3문단 – 우주 쓰레기를 줄일 수 있는 인공위성
4문단 – ㉤ 국제적인 규칙
5문단 – 우주 쓰레기를 해결해야 한다

도움말 2문단의 중심 문장은 첫 번째 문장입니다. '우주를 떠돌고 있는'은 '우주 쓰레기'를 덧붙여 설명하는 내용이기 때문에 중요하지 않으므로 삭제할 수 있습니다. 4문단의 중심 문장은 첫 번째 문장입니다. '우주 개발에 나서는 모든 나라가 지켜야 하는'은 '국제적인 규칙'을 덧붙여 설명하는 내용이기 때문에 중요하지 않으므로 삭제할 수 있습니다.

1 ㉤ 우주 쓰레기

2
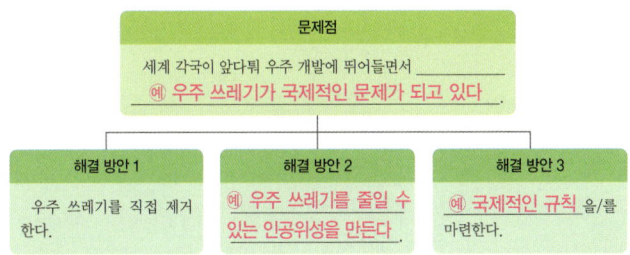

3
㉤ 세계 각국이 앞다퉈 우주 개발에 뛰어들면서 우주 쓰레기가 국제적인 문제가 되고 있다. 우주 쓰레기를 해결하려면 ㉤ 우주 쓰레기를 직접 제거하고, 우주 쓰레기를 줄일 수 있는 인공위성을 만들며, 국제적인 규칙을 마련해야 한다.

도움말 첫 번째 빈칸에는 문제점을 씁니다. 두 번째 빈칸에는 해결 방안 1을 씁니다. 이때 '-고'와 같은 이어 주는 말을 사용해서 해결 방안 세 가지가 한 문장으로 연결되도록 합니다.

4 ②

도움말 1문단과 5문단에 우주 쓰레기를 해결해야 한다는 글쓴이의 주장이 드러나 있으므로, ②의 예린이가 글쓴이와 같은 생각을 가졌습니다.

5 ③

도움말 1문단에서 문제점을 밝혔고, 2~4문단에서 해결하는 방법을 제시했습니다.

Day 20   72~73쪽

중심 문장 쓰기

1 문단 – 인류를 위해 보존할 가치가 있다
2 문단 – 예 문화재적 가치가 있는
3 문단 – 예 미적 · 과학적 가치가 있는
4 문단 – 복합유산

도움말 2 문단의 중심 문장은 두 번째 문장입니다. '스페인의 알타미라 동굴과 중국의 만리장성 등과 같이'는 문화유산의 예에 해당하므로 삭제할 수 있습니다. 3 문단의 중심 문장은 첫 번째 문장입니다. '특별히 아름다운 자연이나 희귀한 자연물, 멸종 위기에 처한 동식물 서식지 등과 같이'는 자연유산이 무엇인지 좀 더 자세히 설명하는 내용이기 때문에 꼭 필요하지 않으므로 삭제할 수 있습니다.

1 세계 유산

2

3
예 세계 유산은 유네스코가 인류를 위해 보호할 가치가 있다고 인정하여 지정한 유산입니다. 세계 유산에는 문화재적 가치가 있는 기념물이나 건축물, 유적지를 말하는 문화유산, 예 미적 · 과학적 가치가 있는 자연 지역이나 자연 유적지를 말하는 자연유산, 문화유산과 자연유산의 특성을 동시에 가지고 있는 복합유산이 있습니다.

도움말 첫 번째 빈칸에는 세계 유산의 뜻을 쓰고, 두 번째 빈칸에는 자연유산에 대한 내용을 씁니다.

4 ④

도움말 1 문단에 2023년까지 지정된 우리나라의 세계 유산 수가 아니라 전 세계의 세계 유산 수가 나와 있습니다.

5 자연유산

도움말 세계에서 가장 큰 폭포가 있고, 멸종 위기 동식물이 살고 있다고 했으므로, 미적 · 과학적 가치가 있는 자연 지역이나 자연 유적지를 말하는 자연유산에 해당합니다.

Day 21   74~75쪽

중심 문장 쓰기

1 문단 – 유서 깊은 장소에서 행사를 열 수 있게 해야 한다고 생각한다
2 문단 – 관심을 갖는 사람
3 문단 – 우수한 국가유산
4 문단 – 지역 경제

1 유서 깊은 장소

2
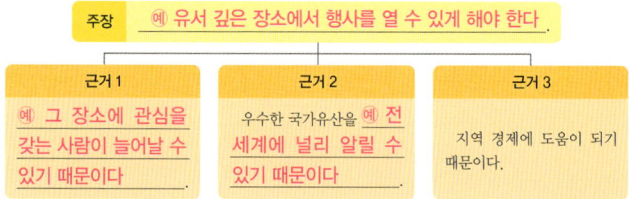

주장	예 유서 깊은 장소에서 행사를 열 수 있게 해야 한다
근거 1	예 그 장소에 관심을 갖는 사람이 늘어날 수 있기 때문이다
근거 2	우수한 국가유산을 예 전 세계에 널리 알릴 수 있기 때문이다
근거 3	지역 경제에 도움이 되기 때문이다.

3
예 유서 깊은 장소에서 행사를 열 수 있게 해야 한다. 유서 깊은 장소에서 행사를 열면 그 장소에 관심을 갖는 사람이 늘어날 수 있고, 우수한 국가유산을 전 세계에 널리 알릴 수 있기 때문이다. 예 그리고 지역 경제에 도움이 되기 때문이다.

도움말 첫 번째 빈칸에는 글쓴이의 주장을 씁니다. 두 번째 빈칸에는 근거 3을 씁니다. 이때 문장의 처음에 '또', '그리고'와 같은 이어 주는 말을 넣어 문장이 자연스럽게 연결되도록 합니다.

4 2 문단, 3 문단, 4 문단

도움말 1 문단은 글의 처음 부분, 2 ~ 4 문단은 글의 가운데 부분, 5 문단은 글의 끝부분에 해당합니다.

5 보라

도움말 이 글에서는 유서 깊은 장소에서 행사를 열면 우수한 국가유산을 전 세계에 널리 알릴 수 있다고 했습니다. 국가유산을 알리는 방법이 유서 깊은 장소에서 행사를 여는 것뿐이라고 하지는 않았으므로, 보라는 생각이나 느낌을 잘못 말했습니다.

Day 22   76~77쪽

중심 문장 쓰기
1문단 – 예 게양법
2문단 – 국경일과 일부 기념일, 국가장 기간
3문단 – 태극기를 다는 방법은 게양일에 따라 다릅니다
4문단 – 태극기가 훼손되지 않게 하는 것입니다

도움말 1문단의 중심 문장은 마지막 문장입니다. '우리나라의 국기인'은 '태극기'를 덧붙여 설명하는 내용이기 때문에 중요하지 않으므로 삭제할 수 있습니다. 또 '언제 어떻게 달아야 하는지'는 '게양법'에 속하는 내용이므로 삭제할 수 있습니다.

1 예 태극기 게양법

2

3
> 태극기는 국경일과 일부 기념일, 국가장 기간, 정부나 지방 자치 단체가 정한 날에 답니다. 예 경축일 및 평일에는 태극기를 깃대 끝까지 올려 달고, 조의를 표하는 날에는 깃봉으로부터 태극기의 세로 길이만큼 내려서 답니다. 태극기를 달 때에는 예 태극기가 훼손되지 않게 해야 합니다

도움말 첫 번째 빈칸에는 경축일 및 평일에 태극기를 다는 방법을 씁니다. '–고'와 같은 이어 주는 말을 사용해서 뒤에 이어지는 내용과 한 문장으로 연결되도록 합니다. 두 번째 빈칸에는 태극기를 달 때 주의할 점을 씁니다.

4 ③
도움말 ③은 1문단에 나와 있습니다.

5 ②, ④
도움말 태극기를 깃대 끝까지 올려 달아야 하는 날은 경축일 및 평일입니다. 현충일이나 국가장 기간은 조의를 표하는 날로, 깃봉으로부터 태극기의 세로 길이만큼 내려서 달아야 합니다.

Day 23   78~79쪽

중심 문장 쓰기
1문단 – 쌀 소비량이 감소하여
2문단 – 쌀 소비량을 늘리려면 먼저 쌀의 효능에 대한 홍보를 강화해야 한다
3문단 – 다양한 기능성 쌀과 쌀 가공식품
4문단 – 쌀 수출을 확대하는 것

1 예 쌀 소비량 감소

2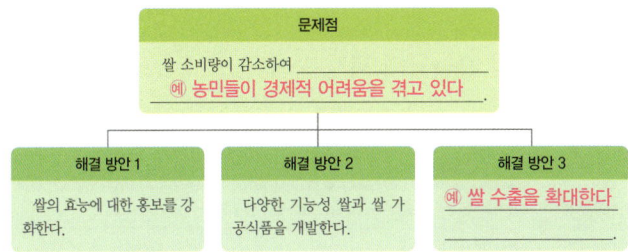

3
> 쌀 소비량이 감소하여 농민들이 경제적 어려움을 겪고 있다. 예 이를 해결하려면 쌀의 효능에 대한 홍보를 강화하고, 다양한 기능성 쌀과 쌀 가공식품을 개발해야 한다. 또 쌀 수출을 확대해야 한다.

도움말 빈칸에는 해결 방안 1과 해결 방안 2를 씁니다. '–고'와 같은 이어 주는 말을 사용해서 해결 방안 1과 해결 방안 2가 한 문장으로 연결되도록 합니다.

4 ②
도움말 1문단에서 쌀 소비량이 감소하여 농민들이 경제적 어려움을 겪고 있다고 했습니다.

5 (2) ○
도움말 (1) 쌀값을 내려야 한다는 내용은 글에 나오지 않습니다. (3) 3문단에서 다양한 기능성 쌀과 쌀 가공식품을 개발해야 한다고 했으므로, 쌀을 이용한 상품 개발을 제한한다는 것은 알맞지 않습니다.

Day 24

중심 문장 쓰기

1문단 – 옛날과 같은 마음
2문단 – 예 옛날에는 세시 풍속이 다양했지만, 오늘날에는 많이 사라졌습니다
3문단 – 오늘날에는 아무 때나 즐깁니다

도움말 2문단의 중심 문장은 첫 번째 문장입니다. '설날, 정월 대보름, 삼짇날, 단오, 추석, 동지 등에 즐기는'은 세시 풍속을 즐기는 때가 언제인지 자세히 예를 들어 말한 것이기 때문에 삭제할 수 있습니다.

1 예 옛날과 오늘날의 세시 풍속

2
	옛날의 세시 풍속	오늘날의 세시 풍속
같은 점	• 가족의 건강과 복을 바라는 마음으로 세시 풍속을 즐김.	
다른 점	• 세시 풍속이 다양함. • 예 일정한 날이나 계절에 알맞은 세시 풍속을 즐김	• 예 세시 풍속이 많이 사라짐 • 세시 풍속을 아무 때나 즐김.

3
> 오늘날도 옛날처럼 가족의 건강과 복을 바라는 마음으로 세시 풍속을 즐깁니다. 예 그러나 옛날에는 세시 풍속이 다양했고 일정한 날이나 계절에 알맞게 즐겼지만, 오늘날에는 세시 풍속이 많이 사라졌고 아무 때나 즐긴다는 점이 다릅니다.

도움말 빈칸에는 옛날의 세시 풍속과 오늘날의 세시 풍속의 다른 점을 씁니다. 문장의 처음에 '그러나', '하지만'과 같은 이어 주는 말을 넣고, 문장의 중간에 '-지만', '~은/는 반면' 등을 사용해서 옛날의 세시 풍속에 대한 내용과 오늘날의 세시 풍속에 대한 내용이 한 문장으로 연결되도록 하면 간결하게 요약할 수 있습니다.

4 ①

도움말 이 글은 옛날과 오늘날의 세시 풍속의 공통점과 차이점을 설명하고 있으므로 ①이 제목으로 알맞습니다.

5 ㉯

도움말 ㉮ 오늘날에는 설날이나 추석과 같은 큰 명절을 중심으로 한 세시 풍속이 이어져 오고 있습니다. ㉰ 옛날에도 오늘날처럼 가족의 건강과 복을 바라는 마음으로 세시 풍속을 즐겼습니다.

Day 25

중심 문장 쓰기

1문단 – 예 잠자리는 불완전 탈바꿈을 하는 곤충이다
2문단 – 물이나 수초
3문단 – 알에서 애벌레가 나온다
4문단 – 날개를 펴고 어른벌레가 된다

도움말 1문단의 중심 문장은 마지막 문장입니다. '가을 들판 위를 날아다니는'은 '잠자리'를 꾸며 주는 말이기 때문에 중요하지 않으므로 삭제할 수 있습니다.

1 예 잠자리의 한살이

2
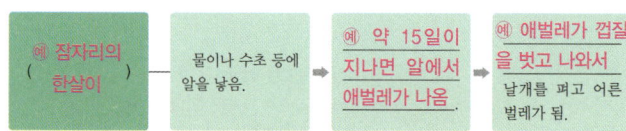

3
> 잠자리의 한살이는 다음과 같다. 예 잠자리가 물이나 수초 등에 알을 낳은 뒤 약 15일이 지나면 알에서 애벌레가 나온다. 예 이후 애벌레는 껍질을 벗고 나와서 날개를 펴고 어른벌레가 된다.

도움말 첫 번째 빈칸에는 첫 번째 순서에 해당하는 내용을 씁니다. 끝부분에 '~ 낳은 뒤', '~ 낳은 다음'과 같은 말을 써서 뒤에 이어지는 두 번째 순서에 해당하는 내용과 한 문장으로 연결되도록 합니다. 두 번째 빈칸에는 세 번째 순서에 해당하는 내용을 씁니다. 문장의 처음에 '이후'와 같은 말을 넣어 문장이 자연스럽게 연결되도록 합니다.

4 ③

도움말 이 글은 잠자리가 알에서 어른벌레가 되기까지 잠자리의 한살이를 설명한 글입니다.

5 ④

도움말 잠자리는 어른벌레가 될 때가 되면 물속에서 호흡하던 방식이 공기 호흡으로 바뀌게 된다고 했습니다.

Day 26

84~85쪽

중심 문장 쓰기

- **1**문단 – 스케이트를 신고 속도로 승부를 겨루는 빙상 경기
- **2**문단 – 스피드 스케이팅과 쇼트 트랙은 경기장의 구조가 다릅니다
- **3**문단 – 스피드 스케이팅과 쇼트 트랙은 경기 방식도 다릅니다
- **4**문단 – 예 스피드 스케이팅과 쇼트 트랙은 스케이트의 구조가 다릅니다

도움말 **4**문단의 중심 문장은 첫 번째 문장입니다. '선수들이 신는'은 '스케이트'를 꾸며 주는 말이기 때문에 중요하지 않으므로 삭제할 수 있습니다.

1 예 스피드 스케이팅과 쇼트 트랙의 같은 점과 다른 점

2

		(스피드 스케이팅)	(쇼트 트랙)
같은 점		· 예 스케이트를 신고 속도로 승부를 겨루는 빙상 경기임.	
다른 점	(경기장의 구조)	· 예 인코스와 아웃코스로 나뉨. · 예 직선 구간이 긺.	· 예 특별한 구분이 없음. · 예 직선 구간이 짧음.
	(경기 방식)	· 예 보통 두 명씩 짝을 지어 경기함. · 예 기록 경쟁을 함.	· 예 여러 명의 선수가 함께 출발함. · 예 순위 경쟁을 함.
	스케이트의 구조	· 예 뒷부분이 날과 분리됨.	· 예 날이 왼쪽으로 살짝 휘어져 있음.

3

> 예 스피드 스케이팅과 쇼트 트랙은 스케이트를 신고 속도로 승부를 겨루는 빙상 경기라는 점이 같습니다. 그러나 경기장의 구조, 경기 방식, 스케이트의 구조는 다릅니다.

도움말 스피드 스케이팅과 쇼트 트랙의 같은 점과 다른 점을 두 문장으로 나누어 쓰는 것이 좋습니다. 두 문장 사이에는 '그러나', '하지만'과 같은 이어 주는 말을 넣어야 합니다.

4 ②

도움말 기록 경쟁을 하는 것은 스피드 스케이팅입니다.

5 (2) ◯

도움말 인코스와 아웃코스가 나뉘어 있고 스케이트의 뒷부분이 날과 분리되는 것은 스피드 스케이팅이므로, 강혁이와 이안이는 쇼트 트랙 경기를 보고 와서 말한 것이 아닙니다.

Day 27

86~87쪽

중심 문장 쓰기

- **1**문단 – 많은 과정
- **2**문단 – 가장 먼저 기획 회의를 합니다
- **3**문단 – 기획 회의가 끝나면 원고 작업을 진행합니다
- **4**문단 – 원고가 완성되면 편집 디자인을 진행합니다
- **5**문단 – 출판사에서 모든 과정을 마친 뒤에는 인쇄하여 책으로 만듭니다

1 예 책을 만드는 과정

2

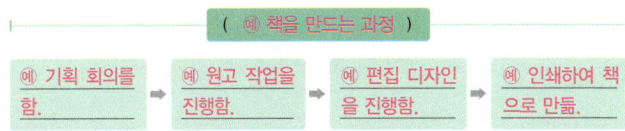

(예 책을 만드는 과정)

| 예 기획 회의를 함. | → | 예 원고 작업을 진행함. | → | 예 편집 디자인을 진행함. | → | 예 인쇄하여 책으로 만듦. |

3

> 예 책을 만들려면 먼저 기획 회의를 합니다. 그다음 원고 작업과 편집 디자인을 진행하고, 인쇄하여 책으로 만듭니다.

도움말 〈문제 **2**번〉에서 정리한 내용을 차례대로 연결하여 씁니다. 이때 문장과 문장 사이에는 시간 순서를 나타내는 말을 넣어야 하고, '~을 진행함.'과 같이 중복되는 내용은 한 번만 써야 합니다.

4 (1) 4 (2) 3 (3) 1 (4) 2

도움말 책은 '기획 회의, 원고 작업, 편집 디자인, 인쇄'의 순서대로 만듭니다.

5 ②

도움말 어떤 내용의 책을 만들지에 대해 의견을 나누고 있으므로, 기획 회의에 대한 내용을 설명한 **2**문단과 관련이 있습니다.

Day 28 (88~89쪽)

중심 문장 쓰기

1문단 – 예 저축
2문단 – 예 저축을 하면 미래를 대비할 수 있습니다
3문단 – 예 내가 한 저축이 나라의 경제에 도움이 되기도 합니다

도움말 1문단의 중심 문장은 세 번째 문장입니다. '돈을 아껴서'는 중요한 내용이 아니기 때문에 삭제할 수 있습니다. 2문단의 중심 문장은 첫 번째 문장입니다. '다가올'은 '미래'를 꾸며 주는 말이기 때문에 중요하지 않으므로 삭제할 수 있습니다. 3문단의 중심 문장은 첫 번째 문장입니다. '한 푼 두 푼 열심히'는 꾸며 주는 말이기 때문에 중요하지 않으므로 삭제할 수 있습니다.

1 예 저축

2

3

> 예 저축을 해야 합니다. 저축을 하면 미래를 대비할 수 있고, 나라의 경제에 도움이 되기 때문입니다.

도움말 글쓴이의 주장과 근거를 두 문장으로 나누어 쓰는 것이 좋습니다. 근거는 '-고'와 같은 이어 주는 말을 사용해서 한 문장으로 연결합니다. 주장을 먼저 쓰고 근거를 나열할 수도 있고, 근거를 먼저 나열하고 주장을 쓸 수도 있습니다.

4 ㉰

도움말 글쓴이의 주장에 대한 근거를 제시한 문단은 2문단과 3문단입니다. 4문단에서는 주장을 정리하며 다시 한번 강조했습니다.

5 ②

도움말 저축을 하면 좋은 점을 근거로 들고 있기 때문에 ②가 추가할 수 있는 근거로 알맞습니다.

Day 29 (90~91쪽)

중심 문장 쓰기

1문단 – 염화칼슘
2문단 – 예 첫째, 염화칼슘은 제설제로 쓰입니다
3문단 – 예 둘째, 염화칼슘은 제습제를 만드는 데 쓰이기도 합니다
4문단 – 셋째, 염화칼슘은 링거액이나 주사제를 만드는 데에도 쓰입니다

도움말 2문단의 중심 문장은 첫 번째 문장입니다. '도로에 쌓인 눈을 녹이는'은 제설제가 무엇인지 덧붙여 설명한 내용이기 때문에 중요하지 않으므로 삭제할 수 있습니다. 3문단의 중심 문장은 첫 번째 문장입니다. '습기를 제거하는'은 제습제가 무엇인지 덧붙여 설명한 내용이기 때문에 중요하지 않으므로 삭제할 수 있습니다.

1 예 염화칼슘의 쓰임새

2

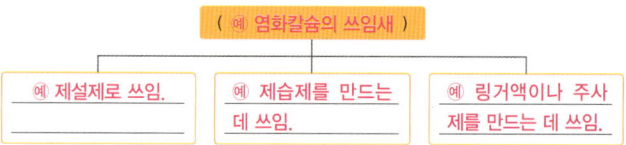

3

> 예 염화칼슘은 제설제로 쓰이고, 제습제, 링거액, 주사제를 만드는 데에도 쓰입니다.

도움말 〈문제 2번〉에서 정리한 내용 중에서 중복되는 내용을 삭제하고, '-고'와 같은 이어 주는 말과 쉼표(,) 등을 사용해서 한 문장으로 요약합니다.

4 ④

도움말 염화칼슘의 농도를 진하게 할수록 우리 몸에 흡수가 빨리 된다는 내용은 글에 나오지 않습니다. 4문단에서 적절한 농도의 염화칼슘은 칼슘이 부족한 환자들에게 도움이 된다고 했습니다.

5 ②

도움말 염화칼슘은 물체를 만드는 재료인 '물질'의 한 종류이고, 우리는 염화칼슘의 '성질'을 이용하여 다양하게 사용하고 있습니다.

Day 30

중심 문장 쓰기

1문단 – ㉠ 어려움을 겪고 있다
2문단 – 사이좋은 이웃으로 함께 살아가야 한다
3문단 – 다문화 가족을 위한 지원을 강화하고, 제도나 법을 만드는 것도 필요하다
4문단 – 다문화 가족의 어려움을 이해하고 해결하기 위해 노력하자

도움말 1문단의 중심 문장은 마지막 문장입니다. '의사소통, 문화적 차이, 사회적 편견과 차별 등으로'는 다문화 가족이 겪는 어려움의 예에 해당하므로 삭제할 수 있습니다.

1 ㉠ 다문화 가족이 겪는 어려움을 해결하는 방법

2
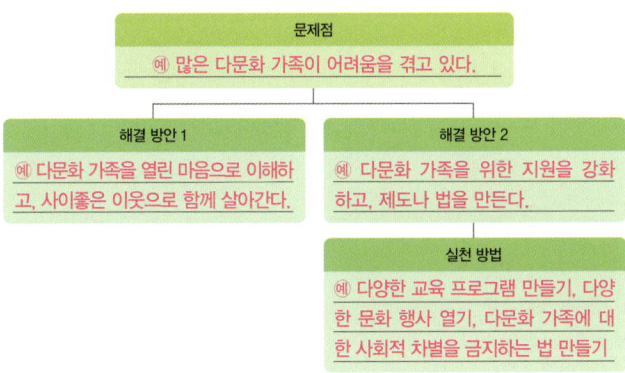

3
㉠ 많은 다문화 가족이 어려움을 겪고 있다. 이를 해결하려면 다문화 가족을 열린 마음으로 이해하고, 사이좋은 이웃으로 함께 살아가야 한다. 또 다문화 가족을 위한 지원을 강화하고, 제도나 법을 만들어야 한다.

도움말 〈문제 2번〉에서 정리한 문제점과 해결 방안을 차례대로 씁니다. 해결 방안을 두 문장으로 나누어 쓸 때에는 문장과 문장 사이에 '또', '그리고'와 같은 이어 주는 말을 넣어야 합니다.

4 ⑵ ×

도움말 4문단에서 다문화 가족이 우리 사회의 저출산 문제와 고령화 문제를 해결하는 방법이 될 수 있다고 했으므로, ⑵의 경림이는 생각이나 느낌을 잘못 말했습니다.

지은이 기적학습연구소

"혼자서 작은 산을 넘는 아이가 나중에 큰 산도 넘습니다"

본 연구소는 아이들이 혼자서 큰 산까지 넘을 수 있는 힘을 키워 주고자 합니다.
아이들의 연령에 맞게 학습의 산을 작게 만들어 혼자서도 쉽게 넘을 수 있게 만듭니다.
때로는 작은 고난도 경험하게 하여 성취감도 맛보게 합니다.
그리고 아이들에게 실제로 적용해서 검증을 통해 차근차근 책을 만듭니다.

-국어 분과 대표 저작물 : <기적의 독해력> <요약독해의 힘> 외 다수
-영어 분과 대표 저작물 : <기적의 파닉스>, <기적의 영어리딩> 외 다수
-수학 분과 대표 저작물 : <기적의 계산법>, <기적특강> 외 다수

요약독해의 힘 1권

초판 발행 2024년 11월 18일
초판 5쇄 발행 2025년 11월 28일

지은이 기적학습연구소
발행인 이종원
발행처 (주)길벗스쿨
출판사 등록일 2025년 5월 28일
주소 서울시 마포구 월드컵로 10길 56(서교동 467-9)
대표 전화 02)332-0931   **팩스** 02)323-0586
홈페이지 www.gilbutschool.co.kr   **이메일** gilbut@gilbut.co.kr

기획 이경은(hey2892@gilbut.co.kr)   **편집 진행** 박은숙, 유명희, 이재숙, 유지선
제작 이준호, 손일순   **영업마케팅** 문세연, 박선경, 구혜지, 박다슬   **웹마케팅** 박달님, 이재윤, 이지수, 나혜연
영업관리 김명자, 정경화   **독자지원** 윤정아

표지 디자인 더다츠   **전산 편집** 린 기획
인쇄 교보피앤비   **제본** 경문제책

▶ 이 책은 저작권법의 보호를 받는 저작물로 이 책에 실린 모든 내용, 디자인, 이미지, 편집 구성은
  허락 없이 복제하거나 다른 매체에 옮겨 실을 수 없습니다.
▶ 인공지능(AI) 기술 또는 시스템을 훈련하기 위해 이 책의 전체 내용은 물론 일부 문장도 사용하는 것을 금지합니다.
▶ 잘못 만든 책은 구입한 서점에서 바꿔 드립니다.

ISBN 979-11-6406-797-8(길벗스쿨 도서번호 10987)
정가 12,000원

독자의 1초를 아껴주는 정성 **길벗출판사** ··

(주)길벗스쿨 국어학습서, 수학학습서, 영어학습서, 유아동 단행본
(주)도서출판 길벗 IT단행본, 성인어학, 교과서, 수험서, 경제경영, 교양, 자녀교육, 취미실용